Specialità italiane

Italienische Köstlichkeiten

Eine kulinarische Reise mit Massimo Marano

Aus dem Italienischen von
Rosemarie Mailänder und Levis Roman

Deutscher Taschenbuch Verlag

dtv zweisprachig

Von Massimo Marano
sind im Deutschen Taschenbuch Verlag erschienen:
Personaggi italiani.
Italienische Persönlichkeiten (dtv 9463)
Un caso d'amore. Ein Fall von Liebe
Kriminalgeschichte (dtv 9483)

Originalausgabe 2011
3. Auflage 2014
Deutscher Taschenbuch Verlag GmbH & Co. KG, München
Umschlagkonzept: Balk & Brumshagen
Umschlagbild: Ursula Dickl
Satz: Greiner & Reichel, Köln
Druck und Bindung: Kösel, Krugzell
Gedruckt auf säurefreiem, chlorfrei gebleichtem Papier
Printed in Germany · ISBN 978-3-423-09504-4

Le buone forchette · Begeisterte Esser 6 · 7

I grissini · Grissini 12 · 13

La bagna caòda · Bagna caòda 18 · 19

Il Barolo · Barolo 24 · 25

Il risotto alla milanese · Risotto alla milanese 32 · 33

Il panettone · Panettone 38 · 39

La polenta · Polenta 44 · 45

Il tiramisù · Tiramisù 52 · 53

Il caffè · Espresso 58 · 59

Il pesto genovese · Pesto 64 · 65

Le lasagne · Lasagne 70 · 71

L'aceto balsamico · Balsamico 76 · 77

Il parmigiano reggiano· Parmesan 84 · 85

La ribollita · Ribollita 90 · 91

Il panforte · Panforte 96 · 97

Gli spaghetti all'amatriciana · Spaghetti all'amatriciana 102 · 103

La Pizza Margherita · Pizza Margherita 108 · 109

Il Marsala · Marsala 116 · 117

Il pane carasau · Pane carasau (Sardisches Fladenbrot) 122 · 123

Le buone forchette

Essere una buona forchetta significa apprezzare la buona cucina, mangiare volentieri e in abbondanza. Per gli italiani mangiare non è solo una necessità di sopravvivenza, è anche un avvenimento sociale. Agli italiani piace mangiare e sono fieri quando possono esaltare le bontà e le specialità della propria terra.

Ogni regione italiana ha le proprie tradizioni culinarie le cui origini risalgono spesso alla notte dei tempi, ma le abitudini che riguardano il consumo dei pasti sono più o meno simili in tutta la penisola.

La prima colazione, ad esempio, non è importante per cominciare la giornata. Molti italiani la mattina presto, prima di andare a lavorare, bevono solo un caffè e più tardi al bar, insieme ai colleghi d'ufficio, consumano una prima colazione: un cappuccino e un cornetto. La colazione a casa consiste generalmente in una tazza di caffelatte accompagnata da biscotti o da qualche brioche preconfezionata. Negli ultimi anni in alcune famiglie italiane si è affermata l'usanza di fare colazione con uno o due yogurt.

Il pranzo è già più importante e chi può, nella pausa di mezzogiorno, va a casa a mangiare, dove troverà sempre un primo e spesso anche un secondo. Ciò accade soprattutto nei piccoli centri e non nelle grandi città, dove la vita scorre veloce e frenetica senza fare troppe concessioni. Nelle città ci sono

Begeisterte Esser

Ein begeisterter Esser zu sein bedeutet, eine gute Küche zu schätzen und gern und opulent zu speisen. Italiener essen nicht nur, weil es unerlässlich ist, um zu überleben, es ist für sie auch ein gesellschaftliches Ereignis. Italiener haben einfach Spaß am Essen, und sie sind stolz auf die Spezialitäten ihres Landes.

Jeder Landstrich Italiens hat eigene kulinarische Traditionen, deren Wurzeln oft weit in der Vergangenheit liegen, die Essensgewohnheiten jedoch sind auf der ganzen Halbinsel mehr oder weniger die gleichen.

Das Frühstück zum Beispiel ist als Einstieg in den Tag nicht wichtig. Viele Italiener trinken am frühen Morgen, bevor sie zur Arbeit gehen, nur einen Espresso; später frühstücken sie dann zusammen mit ihren Arbeitskollegen in einer Bar: einen Cappuccino und ein Croissant. Das Frühstück zu Hause besteht normalerweise aus einer Tasse Milchkaffee mit Keksen oder abgepacktem Hefegebäck. In den letzten Jahren hat sich in einigen italienischen Familien die Gewohnheit durchgesetzt, ein oder zwei Becher Joghurt zu essen.

Das Mittagessen hat schon ein wenig mehr Bedeutung, und wer die Möglichkeit hat, geht in der Mittagspause zum Essen nach Hause, wo es immer einen ersten und oft auch einen zweiten Gang gibt. Das ist vor allem in kleinen Ortschaften der Fall, nicht in großen Städten, wo das Leben schnell und hektisch verläuft und nicht viel Spiel-

però molti ristoranti che si sono organizzati e sono in grado di garantire alla clientela che ha solo un'ora di tempo, un servizio celere con una buona scelta di primi e secondi piatti a prezzi convenzionati.

La cena è l'appuntamento gastronomico più importante della giornata. Generalmente la cena prevede un secondo piatto a base di carne o pesce con il relativo contorno. Se c'è un primo, si tratta di una piccola porzione di pasta, d'inverno può essere anche un bel minestrone a base di verdure. Vino e pane non devono mancare. La cena si può chiudere con l'assaggio di qualche formaggio seguito dal caffè.

Un altro importante appuntamento con la tavola è il pranzo della domenica, al quale spesso sono invitati parenti e amici. Non esiste un piatto tipico per questo giorno di festa, ma ancora oggi in molte famiglie è diffusa l'usanza di mangiare le lasagne. Il pranzo si apre comunque con l'antipasto, seguito dal primo e dal secondo per poi chiudere con dolce, frutta e caffè. In genere si comincia a mangiare verso l'una e si finisce verso le tre del pomeriggio.

Bisogna anche dire che gli italiani sono attenti alle scelte alimentari. Se ad esempio hanno mangiato della carne a pranzo cercheranno di variare per la cena.

Quattro italiani su dieci non sono mai andati a mangiare in un ristorante straniero e gli italiani

raum lässt. Doch finden sich in den Städten zahlreiche Restaurants, die darauf eingerichtet sind, ihre Gäste, die nur eine Stunde zur Verfügung haben, flink zu bedienen und ihnen eine schöne Auswahl an ersten und zweiten Gängen zu vereinbarten Preisen zu bieten.

Das Abendessen ist der wichtigste gastronomische «Termin» des Tages. Für gewöhnlich sieht es ein Fleisch- oder Fischgericht mit der entsprechenden Beilage vor. Gibt es einen ersten Gang, so handelt es sich dabei um eine kleine Portion Pasta, im Winter kann es auch ein köstlicher Gemüseeintopf sein. Wein und Brot dürfen nicht fehlen. Beschließen kann man das Abendessen mit einigen Häppchen Käse und danach mit einem Espresso.

Ein anderes wichtiges Zusammentreffen bei Tisch ist das sonntägliche Mittagessen, zu dem oft Verwandte und Freunde eingeladen werden. Es gibt kein typisches Gericht für diesen Feiertag, aber in vielen Familien ist es sehr beliebt, Lasagne zu essen. Man eröffnet das Mittagessen jedenfalls mit einer Vorspeise, gefolgt von einem ersten und einem zweiten Gang, und beschließt es dann mit einem Dessert, Früchten und Kaffee. Normalerweise dauert die Mahlzeit von ein Uhr am Mittag bis drei Uhr am Nachmittag.

Man sollte auch erwähnen, dass die Italiener ihre Lebensmittel sorgfältig auswählen. Gab es zu Mittag zum Beispiel Fleisch, so möchte man zum Abendessen etwas anderes haben.

Vier von zehn Italienern waren noch nie in einem Lokal mit fremdländischer Küche, und diejenigen Ita-

che vanno all'estero hanno spesso nostalgia della cucina di casa propria, un segnale chiaro e forte che indica quanto questo popolo ami la propria cucina. Per gli abitanti del « bel paese » mangiare resta comunque un piacere e ritengono che nutrirsi in modo sano sia importante per la salute.

Piccoli episodi quotidiani testimoniano dell'importanza del mangiare. Nei piccoli centri, che di solito hanno una sola via principale e una piazza con la chiesa, le persone che durante la giornata si incrociano più volte discutono spesso e volentieri di ciò che si mangerà a pranzo e poi di ciò che si è mangiato a pranzo e nel tardo pomeriggio, dopo la siesta, la domanda sarà la stessa per sapere quale pietanza ci sarà per cena e chi uscirà di casa per mangiare un gelato sul lungomare dovrà riferire cosa c'era nel piatto. E prima di andare a dormire qualcuno chiederà di sicuro: « Cosa mangi domani? »

L'appetito vien mangiando.

liener, die ins Ausland gehen, haben oft Sehnsucht nach der heimischen Kost – ein klares, eindeutiges Zeichen, das zu verstehen gibt, wie sehr dieses Volk seine vertraute Küche liebt. Für die Bewohner Italiens jedenfalls ist Essen ein Vergnügen und sie sind überzeugt davon, dass es wichtig für das Wohlergehen ist, sich auch gesund zu ernähren.

Selbst kleine alltägliche Vorkommnisse belegen die hohe Bedeutung, die das Essen hat. In Dörfern, in denen es üblicherweise nur eine einzige Hauptstraße und den Kirchplatz gibt, tauschen sich die Menschen, deren Wege sich im Laufe des Tages mehrere Male kreuzen, oft und gern über das aus, was sie mittags essen werden, und später dann darüber, was sie mittags gegessen haben. Am späten Nachmittag, nach der Siesta, wird die Frage ähnlich lauten, denn man möchte wissen, was es abends Gutes geben wird. Wer das Haus verlässt, um auf der Strandpromenade ein Eis zu essen, wird berichten müssen, was er auf dem Teller hatte. Und bevor er sich schlafen legt, fragt ganz bestimmt einer: «Was gibt es morgen?»

Der Appetit kommt beim Essen.

I grissini

Chi entra a sedersi in un qualsiasi ristorante di una qualsiasi città italiana noterà al centro del tavolo un cestino cilindrico con delle buste di plastica dalla forma allungata. Sono in pochi a resistere alla tentazione di aprirle per gustarne il contenuto, cioè i grissini. E così ancora prima che arrivi il cameriere a prendere le ordinazioni, il cestino è già vuoto e il tavolo è pieno di piccole briciole.

La storia del grissino è legata alla storia della più grande dinastia italiana: i Savoia, che nel corso di quasi mille anni hanno regnato in Italia decidendone poi le sorti.

La leggenda del grissino nasce nel 1666 assieme a Vittorio Amedeo II, figlio di Carlo Emanuele II di Savoia e di sua moglie Giovanna Battista di Savoia Nemours. A quel tempo il Ducato di Savoia, oltre a comprendere gran parte dell'odierno territorio piemontese, si estendeva fino alla regione di Nizza a sud-ovest e a nord-ovest abbracciava la Valle d'Aosta e parte della Francia. Il padre morì quando Vittorio Amedeo aveva soltanto nove anni e propriamente il compito di regnare sullo Stato Sabaudo, ovvero sul Ducato di Savoia, sarebbe toccato al piccolo nobile. Essendo ancora troppo giovane per regnare,

Grissini

Wer ein x-beliebiges Restaurant in einer x-beliebigen italienischen Stadt betritt und Platz nimmt, wird bemerken, dass in der Mitte des Tischs ein zylindrisch geformter Korb steht, in dem längliche Zellophantütchen stecken. Nur wenige widerstehen der Versuchung, sie zu öffnen und zu genießen, was drin ist – Grissini. Und so ist der Korb schon leer und der Tisch übersät mit kleinen Krümeln, noch bevor der Kellner kommt, um die Bestellung aufzunehmen.

Die Geschichte der Knabberstange ist eng mit der Geschichte der größten Dynastie Italiens verbunden, der Dynastie der Savoyer, die über einen Zeitraum von nahezu tausend Jahren in Italien regiert und oft über sein Schicksal bestimmt haben.

Die Legende, die sich um die Grissini rankt, beginnt 1666 mit Vittorio Amedeo II., dem Sohn Carlo Emanueles II. von Savoyen und seiner Frau Giovanna Battista von Savoyen Nemours. Zu jener Zeit erstreckte sich das Herzogtum von Savoyen, zu dem ein großer Teil des Piemont gehörte, im Südwesten bis in die Gegend von Nizza und umfasste im Nordwesten das Aostatal und einen Teil Frankreichs. Vittorio Amedeos Vater starb, als er gerade einmal neun Jahre alt war, und eigentlich wäre die Aufgabe, über den savoyischen Staat beziehungsweise über das Herzogtum von Savoyen zu herrschen, dem kleinen Adeligen zugefallen. Da er aber noch zu jung

fu la madre ad assumere provvisoriamente la reggenza.

Il duca, fin dalla nascita, era di fragile costituzione ed era sempre un po' malato. Ma ciò che più preoccupava la corte erano i suoi terribili disturbi intestinali, e un giorno aumentarono fino al punto che si cominciò a temere per la sua vita. Si doveva fare di tutto per far guarire il futuro sovrano dei Savoia. Il medico di corte, un certo Don Baldo Picchio, si ricordò che nella sua infanzia aveva avuto simili disturbi causati dal pane mal cotto. Sua madre lo aveva curato somministrandogli del pane ben lievitato, ben cotto, croccante e con poca mollica.

Il medico si rivolse quindi al panettiere di corte, Antonio Brunero di Lanzo, che preparava un pane allora in uso, chiamato «Ghersa», dalla caratteristica forma allungata. Il medico e il fornaio ebbero la geniale idea di separare dall'impasto dei bastoncini di pasta lievitata che misuravano circa cinquanta o sessanta centimetri di lunghezza, i quali furono poi cotti separatamente. Siccome erano stati sottoposti a doppia cottura erano «bis-cotti». Contenevano pochissima acqua, erano friabili, senza mollica, con un buon aroma e una lieve crosta dorata. Per il medico questo era il prodotto ideale per guarire il piccolo Vittorio Amedeo. La cura a base di questo pane fu davvero miracolosa, i disturbi sparirono completamente.

zum Regieren war, übernahm die Mutter vorläufig die Regentschaft.

Der Herzog war von Geburt an sehr zart und immer kränklich. Aber was bei Hofe weit mehr beunruhigte, waren seine schrecklichen Darmstörungen – die einmal so stark wurden, dass man um sein Leben fürchtete. Man musste alles für die Gesundung des künftigen Herrschers Savoyens tun. Da erinnerte sich der Arzt des Hofes, ein gewisser Don Baldo Picchio, dass er in seiner Kindheit unter ähnlichen Beschwerden gelitten hatte, ausgelöst von schlecht durchgebackenem Brot. Seine Mutter hatte ihn geheilt, indem sie ihm gut aufgegangenes, gut durchgebackenes, knuspriges Brot mit wenig weißem Teig verabreichte.

Der Arzt wandte sich also an den Hofbäcker, Antonio Brunero di Lanzo, der gerade dabei war, das damals übliche Brot zuzubereiten. Es hieß «Ghersa», und das Besondere an ihm war seine längliche Form. Der Arzt und der Bäcker hatten die geniale Idee, von der Hefeteigmischung fünfzig bis sechzig Zentimeter lange Streifen gut aufgegangenen Teigs abzutrennen, die dann separat gebacken wurden. Da sie einer doppelt langen Backzeit unterworfen wurden, nannte man sie «Bis-cotti», auf Deutsch: die «zweimal Gebackenen». Sie enthielten nur ganz wenig Wasser, waren mürb, hatten einen feinen Geschmack, keinen weichen Kern und eine leicht gebräunte Kruste. Für den Arzt war dieses Erzeugnis in idealer Weise dafür geeignet, den kleinen Vittorio Amedeo zu kurieren. Die Behandlung auf Basis dieses Brotes bewirkte tatsächlich Wunder, die Beschwerden traten nicht mehr auf.

Nel 1713 Vittorio Amedeo II divenne il primo Re Sabaudo dedicandosi alla politica e all'organizzazione dello Stato. In ogni suo viaggio non mancava una scorta di questi bastoncini di pane croccante che avevano preso il nome di grissini, parola che deriva da « ghersini », diminutivo di « ghersa ». I grissini divennero presto il « pane » preferito dei Savoia.

Persino Napoleone andava matto per i grissini. Lui li chiamava « les petits bâtons de Turin » – i piccoli bastoncini di Torino – e organizzò un servizio postale che gli garantisse regolarmente l'approvvigionamento di grissini da Torino.

Il grissino si diffuse rapidamente e presto fu un genere alimentare apprezzato da tutti … e lo è ancora oggi.

È un gran medico
chi conosce il suo male.

1713 wurde Vittorio Amedeo II. erster König von Savoyen und widmete sich der Politik sowie der Organisation des Staates. Auf keiner seiner Reisen fehlte ein Vorrat an Knabberstangen aus knusprigem Brot, die den Namen Grissini, hergeleitet vom Wort «ghersini», der Verkleinerungsform von «ghersa», erhalten hatten. Bald wurden sie das bevorzugte «Brot» der Savoyer.

Sogar Napoleon war ganz verrückt danach. Er nannte sie «les petits bâtons de Turin», die kleinen Stäbchen von Turin, und richtete einen Postdienst ein, der ihm die regelmäßige Versorgung mit Grissini garantieren sollte.

Die Grissini verbreiteten sich schnell und wurden bald ein gängiges, allseits geschätztes Nahrungsmittel … und sind es noch heute.

Der ist ein großer Arzt,
der seine eigenen Leiden kennt.

La bagna caòda

Tra gli ingredienti della bagna caòda, in italiano salsa calda, le cui origini ancora oggi danno vita ad accesi dibattiti in quanto sono molte le località piemontesi che pretendono di essere la culla di questa pietanza davvero originale, ci sono le acciughe. Un piatto tipico di una regione montagnosa, anche se non molto distante dal mare, con le acciughe? Ebbene sì … A contraddire le varie leggende locali, secondo cui la bagna caòda trova le sue origini in uno dei tanti paesi a ridosso delle Alpi, esiste la teoria che essa in realtà provenga dalla costa della Provenza.

Nel medioevo erano molti i commercianti che dalla zona di Asti si spingevano fino in Provenza per rifornirsi di sale e acciughe. Dopo aver gustato questo piatto ne avrebbero importato la ricetta nei loro luoghi d'origine e cioè nella zona meridionale e nord-occidentale del Piemonte, modificandola con i prodotti della loro terra, vale a dire con i vari tipi di verdura che costituivano da sempre la base dell'alimentazione contadina.

La bagna caòda non è un piatto che ha fatto scalpore tra i nobili di quel tempo, presumibilmente per via delle grandi quantità d'aglio che richiede questo bollito misto di verdure. Questo il motivo per cui non esistono testi storici che

Bagna caòda

Die Bagna caòda, auf Italienisch *salsa calda*, warme Sauce, deren Herkunft auch heute noch hitzige Debatten auslöst, weil viele Orte des Piemont Anspruch erheben, die Wiege dieses wirklich originellen Gerichts zu sein, zählt unter anderen auch Sardellen zu ihren Zutaten. Wie kann ein typisches Gericht aus einer Gebirgsregion – selbst wenn sie nicht allzu weit vom Meer entfernt ist – aus Sardellen bestehen? Nun, tatsächlich existiert entgegen den verschiedenen örtlichen Legenden, denen zufolge die Bagna caòda ihren Ursprung in einem der vielen Dörfer in unmittelbarer Nähe der Alpen hat, die Theorie, sie könnte von der Küste der Provence stammen.

Im Mittelalter gab es viele Händler aus der Gegend um Asti, die bis in die Provence vorstießen, um sich mit Salz und Sardellen einzudecken. Nachdem sie dort dieses Gericht gekostet hatten, nahmen sie das Rezept in ihre Heimat mit, also in das südliche und nordwestliche Piemont, und veränderten es entsprechend den Erzeugnissen ihrer Gegend, das heißt mit den verschiedenen Arten von Gemüse, das schon immer das Grundnahrungsmittel der Bauern darstellte.

Die Bagna caòda ist kein Gericht, das unter den Adeligen jener Zeit Aufsehen erregt hat – vermutlich wegen der großen Mengen an Knoblauch, die zur Zubereitung dieser gekochten Gemüsemischung erforderlich sind. Das mag der Grund dafür sein, dass es keine historischen

facciano riferimento alla bagna caòda. I contadini non disprezzavano di certo qualche spicchio d'aglio in più e per loro la bagna caòda, oltre ad essere un nutrimento, era anche un'occasione per riunirsi e fare festa.

Una seconda leggenda sulla provenienza della bagna caòda è legata ai viticoltori del tardo medioevo che volevano festeggiare la spillatura del vino nuovo con una pietanza diversa dalle altre, con qualcosa di particolare. Doveva essere un piatto dai sapori forti e non la solita carne condita da mille spezie di cui non si riusciva nemmeno a distinguerne più il profumo.

Si decise allora di tentare un abbinamento azzardato: verdure, acciughe e olio d'oliva. La terra piemontese era ricca di ortaggi, il sapore forte lo dava l'aglio e grazie ai venditori ambulanti, le acciughe salate erano ormai diffuse anche in Piemonte e nella vicina Liguria l'olio d'oliva non mancava.

Così si creò la bagna caòda – alcuni dicono bagna cauda – un piatto da consumare durante la stagione invernale. Questa salsa si cuoceva in un grande pentolone di rame sul fuoco, in cui tutti intingevano pane. Alcuni piemontesi rispettano questa tradizione ancora oggi, che in qualche modo ricorda altre usanze culinarie alpine, come quella della fondue.

Come spesso accade per i piatti nati dalla tradizione contadina nel corso degli anni ci sono state

Texte gibt, die auf die Bagna caòda Bezug nehmen. Die Bauern dagegen verschmähten eine zusätzliche Knoblauchzehe keineswegs. Für sie war die Bagna caòda nicht nur ein Nahrungsmittel, sie bot auch eine Gelegenheit, um zusammenzukommen und zu feiern.

Eine weitere Legende um die Herkunft der Bagna caòda hat mit den Winzern des späten Mittelalters zu tun, die den Anstich des neuen Weines mit einer Speise feiern wollten, die anders als die anderen, die etwas Besonderes sein sollte: ein deftiges Gericht anstatt des üblichen, mit den unterschiedlichsten Gewürzen versehenen Fleisches, dessen spezifische Aromen man gar nicht mehr auseinanderhalten konnte.

Man entschied sich für eine gewagte Kombination: Gemüse, Sardellen und Olivenöl. Die piemontesischen Felder waren reich an Gemüse, für den kräftigen Geschmack sorgte der Knoblauch, die gesalzenen Sardellen waren dank der vielen Straßenhändler jetzt auch im Piemont sehr verbreitet, und im nahegelegenen Ligurien fehlte es nicht an Olivenöl.

So schuf man die Bagna caòda – manche sagen auch Bagna cauda –, die ein Gericht für die Winterzeit wurde. Die Sauce wurde in einem großen Kupfertopf über dem Feuer gekocht, in den alle Brot hineintunkten. Einige Piemonteser sind dieser Tradition, die in gewisser Weise an andere kulinarische Bräuche der Alpenländer erinnert – etwa an den des Fondues –, bis heute treu geblieben.

Wie so oft bei Gerichten, die einer bäuerlichen Tradition entstammen, gab es im Laufe der Jahre mehrere

diverse variazioni rispetto alla ricetta originale. Una di queste variazioni si deve a Giovanna Battista di Savoia-Nemours, che nella seconda metà del Seicento regnò al posto del figlio, Vittorio Amedeo II, succeduto al trono all'età di soli nove anni e non in grado quindi di prendere in mano il destino del Ducato. Sembra che alla sovrana piacesse molto la bagna caòda e così espresse il desiderio di farla preparare anche nelle cucine di corte modificandola a piacere e creando così un piatto del tutto barocco, la cui ricetta non aveva più nulla a che vedere con la tradizione contadina. Le verdure furono rimpiazzate da gustosi bocconcini di carne, guarniti di spezie profumate e persino da sopraffini gamberetti di fiume. Non si sa se l'aglio facesse ancora parte della nuova ricetta regale.

Ancora oggi in diverse località del Piemonte ci sono delle trattorie specializzate nel cucinare la bagna caòda che si deve gustare in compagnia di un buon vino rosso.

Per conoscere qualcuno bisogna stare a tavola con lui più di una volta.

Abwandlungen des ursprünglichen Rezepts. Eine dieser Varianten kann man Giovanna Battista von Savoyen Nemours zuschreiben, die in der zweiten Hälfte des siebzehnten Jahrhunderts anstelle ihres Sohnes, Vittorio Amedeo II., die Regierungsgeschäfte übernahm, weil dieser im Alter von erst neun Jahren die Thronfolge angetreten hatte und das Schicksal des Herzogtums noch nicht selbst in die Hand nehmen konnte.

Offensichtlich hat der Herrscherin die Bagna caòda so sehr geschmeckt, dass sie den Wunsch äußerte, sie solle auch in den Küchen des Hofes zubereitet und nach Belieben verändert werden. So entstand ein völlig überladenes Gericht, dessen Rezept nichts mehr mit der bäuerlichen Tradition zu tun hatte. Das Gemüse wurde durch wunderbar gewürzte Fleischstückchen ersetzt oder sogar durch extrafeine Flussgarnelen. Ob Knoblauch noch zum neuen königlichen Rezept gehörte, ist nicht bekannt.

Noch heute haben sich in verschiedenen Gegenden des Piemont Restaurants auf das Kochen der Bagna caòda spezialisiert, die man in geselligem Rahmen zusammen mit einem guten Rotwein kosten sollte.

Um jemanden wirklich zu kennen,
muss man mit ihm mehr als einmal
gegessen haben.

Il Barolo

La storia di questo pregiato vino è una storia travagliata che si perde nella notte dei tempi. Pare che la zona di Barolo – che oggi è un piccolo paese con poco più di settecento abitanti in provincia di Cuneo – fosse già abitata nella preistoria da tribù celto-liguri. Si suppone che anche la parola Barolo sia di origini celtiche: bas reul, il cui significato sarebbe luogo basso.

Le prime vigne in questa regione risalgono a ben duemilacinquecento anni fa. Certo il vino di allora non poteva essere quello di oggi, ma nonostante ciò piaceva molto alle popolazioni barbariche stabilitesi in queste zone fin dai tempi più antichi, attratte dalla fertilità dei terreni, adatti alla viniccultura. Persino l'imperatore romano Giulio Cesare apprezzò talmente il vino piemontese, che dopo la guerra gallica ne fece una bella scorta e se la portò a Roma.

In alcuni documenti del 1268 si parla di «Nibiol», ovvero nebbiolo, un tipo di uva usato per la produzione di un vino già abbastanza conosciuto nel Rinascimento. Il Barolo cominciò ad essere apprezzato anche all'estero nel 1751, quando alcuni signori piemontesi spedirono a Londra delle bottiglie di vino, che allora si chiamava «Barol». In Inghilterra il Barolo ebbe un grande successo e il

Barolo

Die Geschichte dieses hochwertigen Weines ist vertrackt und verliert sich im Dunkel der Zeit. Die Gegend um Barolo – heute ein kleiner Ort mit wenig mehr als siebenhundert Einwohnern in der Provinz von Cuneo – scheint schon in der Vorzeit von einem kelto-ligurischen Stamm bewohnt gewesen zu sein. Man vermutet, dass auch das Wort *Barolo* keltischen Ursprungs ist: «bas reul» würde «tief gelegener Ort» bedeuten.

Die Anfänge des Weinbaus in diesem Gebiet liegen gut zweitausendfünfhundert Jahre zurück. Natürlich konnte der damalige Wein nicht jener von heute sein, dennoch fanden die barbarischen Völker, die sich, angezogen von der Fruchtbarkeit der Gegend und den für den Weinbau wie geschaffenen Böden, seit frühester Zeit dort niederließen, großen Gefallen daran. Sogar der römische Feldherr Gaius Julius Cäsar schätzte den piemontesischen Wein so sehr, dass er sich nach dem Gallischen Krieg eine beachtliche Reserve zulegte und nach Rom schaffte.

In Quellen aus dem Jahr 1268 ist von «Nibiol» oder «Nebbiolo» die Rede, einer Traubensorte, die zur Weinherstellung verwendet wurde und in der Renaissance schon ziemlich bekannt war. 1751 begann man den Barolo auch im Ausland zu schätzen – als einige Piemonteser Herren Flaschen mit Wein, der nun «Barol» hieß, nach London schickten. In England wurde der Barolo ein großer Erfolg und sein Name drang über den Ozean bis in die

suo nome attraversò l'Oceano arrivando fino agli Stati Uniti. Anche Thomas Jefferson, che più tardi venne eletto presidente, durante un suo soggiorno in Europa ebbe l'occasione di assaggiare il Barolo che lo definì: «Quasi amabile come il Bordeaux e vivace come lo Champagne.» Come lo Champagne? Sì, proprio così. A quel tempo il Barolo era un vino dolce e frizzante, in quanto in Piemonte non si conosceva ancora una tecnica per trasformare gli zuccheri contenuti nel mosto in alcol.

La vera trasformazione avviene nell'ottocento e i personaggi legati alla storia del Barolo, come lo si conosce oggi, erano in parte persone illustri che svolsero un ruolo importante anche nella storia d'Italia. Un marchese, proveniente da una ricca famiglia di banchieri, di nome Carlo Tancredi Falletti, sposò la marchesa Juliette Colbert di Maulevriera, una donna che apparteneva alla più antica nobiltà francese, una discendente di Jean Baptiste Colbert, che fu ministro delle finanze di Luigi XIV, il famoso «Re Sole». Da secoli la famiglia Falletti possedeva dei terreni vicino alla città di Alba (oggi famosa per i tartufi). Carlo Tancredi morì nel 1838, ventitré anni prima che venisse proclamata l'Unità d'Italia, e fu la moglie a ereditare tutte le proprietà dei Falletti.

La marchesa era consapevole che la qualità del vino dei suoi vigneti non era la migliore, ma non sapeva come risolvere il problema degli zuccheri che davano al vino un sapore dolciastro. Si rivolse così a Louis Oudart, un francese, grande esperto di

Vereinigten Staaten. Auch Thomas Jefferson, der später zum Präsidenten gewählt wurde, hatte während eines Europaaufenthalts Gelegenheit, den Barolo zu kosten, den er wie folgt charakterisierte: «So lieblich wie der Bordeaux und so spritzig wie der Champagner.» Wie der Champagner? Ja, genau so. Zu jener Zeit war der Barolo ein süßlicher, perlender Wein, da man im Piemont noch nicht über die Technik verfügte, den im Most enthaltenen Zucker in Alkohol umzuwandeln.

Die eigentliche Umwandlung erfolgte im neunzehnten Jahrhundert, und einige, die mit der Geschichte des Barolo in Verbindung standen, waren, wie man heute weiß, herausragende Persönlichkeiten, die auch in der Geschichte Italiens eine bedeutende Rolle spielten. Ein Marquis aus einer reichen Bankiersfamilie, Carlo Tancredi Falletti, heiratete die Marquise Juliette Colbert di Maulevriera, eine Frau, die dem ältesten französischen Adel angehörte und Nachfahrin von Jean Baptiste Colbert war. Der war Finanzminister unter Ludwig XIV. gewesen, dem berühmten «Sonnenkönig». Seit Jahrhunderten besaß die Familie Falletti ausgedehnte Ländereien in der Nähe der Stadt Alba, die heute für ihren Trüffel berühmt ist. Carlo Tancredi starb 1838, dreiundzwanzig Jahre, bevor die Einheit Italiens ausgerufen wurde, und seine Ehefrau erbte den gesamten Besitz der Falletti.

Die Marquise war sich darüber im Klaren, dass die Qualität des Weines aus ihren Weinbergen nicht die beste war, wusste aber nicht, wie das Problem mit dem Zucker zu lösen sei, der dem Wein einen süßlichen Geschmack verlieh. So wandte sie sich an den Franzosen Louis

vini, il quale, per la produzione del vino della marchesa, applicò lo stesso procedimento che a quel tempo si usava in Francia. Oudart riuscì a trasformare lo zucchero in alcool facendo del Barolo un vino di qualità eccellente. La voce si sparse in men che non si dica e della cosa si interessò anche il re di Sardegna, Carlo Alberto di Savoia. La marchesa Falletti decise di inviare regolarmente una prova di vino al re, di modo che lui avesse la possiblità di accorgersi della differenza di aroma e di sapore. Assolutamente convinto il re acquistò dei terreni nella stessa zona affidando la gestione dei vigneti ad un famoso enologo, Paolo Francesco Staglieno, ex generale proveniente di una nobile famiglia genovese. Il Barolo divenne così il vino preferito dei Savoia – una delle più grandi dinastie italiane.

Un altro nome importante che affianca la storia del Barolo è quello di Camillo Benso conte di Cavour, proprietario di terreni, che dopo essere stato eletto sindaco di Grinzane – paese di duemila abitanti nella provincia di Cuneo – chiamò Louis Oudart a gestire i vigneti di sua proprietà. Dopo l'Unità d'Italia, nel 1861, Camillo Benso di Cavour fu il primo presidente del consiglio nel nuovo stato.

La marchesa Falletti morì nel 1864 e lasciò tutto il suo patrimonio all'Opera Pia di Barolo, un'associazione di beneficenza.

Dopo la seconda guerra mondiale fu Renato Ratti, un altro grande enologo, a dare al Barolo

Oudart, einen großen Weinkenner, der zum Keltern des Weines der Marquise dasselbe Verfahren anwandte, das zu jener Zeit auch in Frankreich üblich war. Oudart gelang es, den Zucker in Alkohol umzuwandeln und so den Barolo zu einem Wein von ausgezeichneter Güte zu machen, was sich in Windeseile herumsprach und auch beim König von Sardinien, Carlo Alberto von Savoyen, Aufmerksamkeit erregte. So beschloss die Marquise Falletti, dem König regelmäßig eine Kostprobe zu schicken, damit er die Möglichkeit hätte, die Veränderung des Weines zu verfolgen. Durchaus überzeugt erwarb der König Ländereien in der Gegend und er übertrug die Bewirtschaftung der Weinberge einem berühmten Önologen, Paolo Francesco Staglieno, einem ehemaligen General aus altem Genueser Adel. So wurde der Barolo der bevorzugte Wein der Savoyer, einer der größten italienischen Dynastien.

Ein weiterer wichtiger Name, der mit der Geschichte des Barolo verknüpft ist, ist der des Camillo Benso, Graf von Cavour und Großgrundbesitzer, der, nachdem er zum Bürgermeister von Grinzane – einem Ort mit etwa zweitausend Einwohnern in der Nähe von Cuneo – gewählt worden war, Louis Oudart damit beauftragte, seine Weinberge zu bewirtschaften. Nach der Einigung Italiens, 1861, wurde Camillo Benso von Cavour erster Ministerpräsident des neuen Königreichs.

Die Marquise Falletti starb 1864 und hinterließ ihr gesamtes Vermögen der « Opera Pia di Barolo », einer Wohltätigkeitsorganisation.

Nach dem Zweiten Weltkrieg war es Renato Ratti, ein anderer großer Önologe, der dem Barolo einen modernen

quell'impronta moderna e a farlo divenire quello che oggi è. Ecco la sua ricetta: tredici, al massimo quattordici giorni di fermentazione, due anni di conservazione in botti di legno e un anno di conservazione in bottiglia.

Visto e considerato che attorno al Barolo ci sono sempre stati dei grandi nobili è giusto dire che si tratta di un vino da re, ma ai giorni nostri di re ce ne sono rimasti ben pochi e allora sarebbe meglio dire, e non è di sicuro sbagliato, che il Barolo è il re dei vini.

Riempi il bicchier che è vuoto,
vuota il bicchier che è pieno;
non lo lasciar mai vuoto,
non lo lasciar mai pieno.

Stempel aufdrückte und ihn zu dem machte, der er heute ist. Sein Rezept: dreizehn, maximal vierzehn Tage Gärung, zwei Jahre Lagerung im Holzfass und ein Jahr in der Flasche.

Angesichts der Tatsache, dass es rund um den Barolo immer Menschen von hohem Adel gegeben hat, kann man mit Fug und Recht behaupten, dass es sich um einen königlichen Wein handelt; da es aber in unseren Tagen nur noch herzlich wenig Könige gibt, wäre es besser (und mit Sicherheit nicht falsch) zu sagen, dass der Barolo der König der Weine ist.

Fülle das Glas, das leer ist,
leere das Glas, das voll ist;
lasse es niemals leer,
lasse es niemals voll.

Il risotto alla milanese

Nell'Italia del Nord il riso ha trovato le condizioni ideali per essere coltivato, vista l'abbondanza di piogge e acqua rispetto al sud del paese. Per questo il risotto è un piatto molto diffuso nella parte settentrionale della penisola italiana.

Come tutti sanno, l'ingrediente che caratterizza il risotto alla milanese è lo zafferano. E tutti sanno anche che lo zafferano non è un prodotto tipico della penisola italiana, ma proviene dal lontano oriente. Si ha quasi la certezza che furono gli arabi, dopo aver conquistato la Spagna ed essere arrivati anche in Sicilia, a portare lo zafferano in Italia.

La storia del risotto alla milanese è legata alla costruzione del Duomo di Milano, cominciata nell'anno 1386 per volontà dell'arcivescovo Antonio da Saluzzo e durata diversi secoli. Per questo grande progetto giunsero a Milano artisti, artigiani, architetti, pittori, scultori, muratori e vetrai. C'era bisogno di una grandissima mano d'opera e una forza lavoro davvero straordinaria. Pare che tra il 1572 e il 1576 un pittore fiammingo di nome Valerio da Perfundvalle ottenne l'incarico di colorare le vetrate delle finestre del duomo. Nella sua bottega c'era un allievo che lavorava con una tecnica del tutto particolare: quando si trattava di dover colorare di giallo una vetrata o parte di essa, il giovane usava

Risotto alla milanese

In Norditalien hat Reis ideale Anbaubedingungen gefunden, da es dort im Gegensatz zum Süden des Landes reichlich Regen und dementsprechend Wasser gibt. Aus diesem Grund ist das Risotto im Norden der italienischen Halbinsel ein weitverbreitetes Gericht.

Wie jedermann weiß, ist Safran ein charakteristischer Bestandteil des Risotto alla milanese. Und dass Safran nicht aus Italien, sondern aus dem fernen Orient stammt, ist auch allseits bekannt. Mit großer Sicherheit kann man sagen, dass es die Araber waren, die, nachdem sie Spanien erobert und auch Sizilien erreicht hatten, den Safran nach Italien brachten.

Die Geschichte des Risotto geht Hand in Hand mit dem Bau des Mailänder Doms, mit dem im Jahr 1386 auf Anordnung des Erzbischofs Antonio da Saluzzo begonnen wurde und der sich einige Jahrhunderte hinzog. Dieses Großprojekt zog Künstler, Handwerker, Architekten, Maler, Bildhauer, Maurer und Glaser nach Mailand, denn es erforderte viele Arbeitskräfte und eine außerordentliche Kunstfertigkeit. Und so soll zwischen 1572 und 1576 ein flämischer Maler mit Namen Valerio da Perfundvalle den Auftrag erhalten haben, farbige Glasfenster für den Dom zu schaffen. In seiner Werkstatt arbeitete einer seiner Schüler mit einer ganz besonderen Technik: Wenn es darum ging, ein Fenster oder Teile davon gelb zu färben, benutzte der junge Mann Safran,

lo zafferano e per questo gli avevano affibbiato il soprannome di Zafferano. Zafferano era inoltre fidanzato con la figlia del suo maestro e non mancava molto alle nozze. Quando giunse il grande giorno i suoi amici decisero di fargli uno scherzo e condire il risotto previsto per il banchetto dopo la cerimonia, con dello zafferano. Il risotto giallo era davvero buono e la notizia si sparse in fretta per tutta la città. Da quel momento il risotto con lo zafferano divenne una specialità della cucina milanese.

Secondo un'altra leggenda, sempre legata alla città di Milano e al Duomo, il risotto alla milanese è un piatto tipico della regione degli Abruzzi e precisamente di Navelli, vicino l'Aquila, un paese che oggi conta seicento abitanti e dove da secoli si coltiva lo zafferano. Un maestro vetraio, impegnato a colorare le vetrate del Duomo di Milano, si stava per sposare ed era indeciso sul menu da offrire agli invitati. Uno dei primi piatti doveva essere un risotto, ma non sapeva quale condimento scegliere: «Il risotto coi funghi …» fu la proposta di un amico. «No, troppo povero», rispose il maestro. «Secondo me, meglio con la carne …» disse un altro. «Banale, banale!», commentò di nuovo il maestro. Improvvisamente parlò un giovane abruzzese, che era appena arrivato alla fabbrica del Duomo e il cui compito era quello di preparare i colori: «Signore, al mio paese fanno un risotto con un condimento che nessuno di voi ha mai gustato e sarebbe proprio il risotto adatto da offrire agli

weswegen man ihm den Spitznamen « Safran » verpasste. Safran war mit der Tochter seines Meisters verlobt, die Hochzeit stand kurz bevor. Als der große Tag gekommen war, beschlossen seine Freunde, ihm einen Streich zu spielen und das Risotto, das für das Bankett nach der Trauung vorgesehen war, mit Safran zu würzen. Das gelb gefärbte Risotto war wirklich gut, und die Nachricht verbreitete sich in Windeseile in der ganzen Stadt. Von da an galt das Risotto mit Safran als Spezialität der Mailänder Küche.

Einer etwas anders lautenden Legende zufolge, jedoch auch mit Mailand und seinem Dom verknüpft, ist das Risotto alla milanese ein typisches Gericht aus den Abruzzen, genauer: aus Navelli, einem Dorf in der Nähe von L'Aquila, das heute sechshundert Einwohner zählt und in dem seit Jahrhunderten Safran angebaut wird. Ein Glasermeister, damit beschäftigt, die farbigen Fenster des Mailänder Doms zu fertigen, hatte vor, in Kürze zu heiraten, war aber noch unentschlossen bezüglich des Menüs, das er seinen Gästen anbieten wollte. Einer der ersten Gänge sollte ein Risotto sein, aber er wusste noch nicht, mit welcher Zutat: « Risotto mit Pilzen », schlug ein Freund ihm vor. « Nein, das ist zu gewöhnlich », antwortete der Meister. « Ich finde es mit Fleisch besser », sagte ein anderer. « Wie einfallslos ! », entgegnete auch hier der Meister. Plötzlich meldete sich ein junger Abruzzeser, der seit Kurzem auf der Dombaustelle arbeitete und dessen Aufgabe es war, die Farben anzurühren: « Meister, dort, wo ich herkomme, macht man das Risotto mit einer Zutat, die noch keiner von Euch je gegessen hat. Dieses Risotto

ospiti il giorno del vostro matrimonio ...» Tutti guardarono incuriositi il giovane che continuò a parlare: «A Navelli, il mio paese, il risotto lo si fa con lo zafferano e con il formaggio. Vi garantisco che è buonissimo.» In quel momento tutti si misero a ridere e poi il maestro chiese: «Ma stai parlando dello zafferano che usiamo per colorare le finestre del duomo?» Il giovane abruzzese fece solo di sì con la testa e tutta la squadra di lavoratori fu curiosa di provare questo piatto. L'aiutante preparò così una grande ciotola piena di risotto giallo e tutti ne rimasero entusiasti.

Molte sono le variazioni di queste storie intorno al risotto alla milanese che in qualche modo si è voluto abbinare al Duomo di Milano, simbolo della città e di tutta la Lombardia, come del resto lo è anche il famoso risotto.

Solo nel 1829, un grande cuoco milanese, Felice Luraschi, nel suo libro «Il Nuovo Cuoco Milanese Economico» rende nota la ricetta del «Risotto alla milanese giallo», secondo la quale il riso si prepara con del grasso, midollo di bue, zafferano, noce moscata, brodo e parmigiano grattugiato.

Nel 2007 il risotto alla milanese ottiene la Denominazione Comunale, con la quale si accerta e si notifica ufficialmente che un prodotto o un piatto appartiene a un determinato territorio.

Il riso che nasce nell'acqua
vuol morir nel vino.

wäre genau das richtige, um es am Tag Eurer Hochzeit den Gästen vorzusetzen.» Alle betrachteten neugierig den jungen Mann, der zu sprechen fortfuhr: «In Navelli, meiner Heimat, bereitet man das Risotto mit Safran und Käse zu. Ich garantiere Euch: Es ist köstlich.» Da fingen alle an zu lachen und der Meister fragte: «Sprichst du etwa gerade von dem Safran, den wir benutzen, um die Fenster des Doms zu färben?» Der junge Abruzzeser nickte nur mit dem Kopf, und die komplette Truppe der Arbeiter war begierig darauf, dieses Gericht zu probieren. So bereitete also der Helfer eine große Schüssel voll mit gelbem Risotto zu, und alle waren begeistert.

Es gibt viele Varianten dieser Geschichten rund um das Risotto alla milanese, die man auf irgendeine Weise mit dem Dom von Mailand in Verbindung bringen wollte, dem Symbol der Stadt und der gesamten Lombardei – wie übrigens auch dieses berühmte Risotto eines ist.

Erst 1829 gibt ein großer Mailänder Koch, Felice Luraschi, in seinem Buch ‹Il Nuovo Cuoco Milanese Economico› (Der neue preiswerte Mailänder Koch) das Rezept für das gelbe Risotto bekannt, demzufolge der Reis mit Fett, Knochenmark vom Ochsen, Safran, Muskatnuss, Fleischbrühe und geriebenem Parmesan zubereitet wird.

2007 erhält das Risotto alla milanese die Bezeichnung «Denominazione Comunale», mit der offiziell erklärt und bestätigt wird, dass ein Produkt oder ein Gericht zu einem bestimmten Gebiet gehört.

Der Reis ist im Wasser geboren und
will im Wein sterben.

Il panettone

Il panettone è senza dubbio il dolce natalizio più famoso d'Italia. Nei giorni che precedono il Natale fino al sei gennaio in tutte le case italiane c'è sempre questo dolce che si gusta dopo pranzo e dopo cena, ma buono anche nel pomeriggio con una tazza di caffè, oppure a colazione. In Italia non esiste un Natale senza il panettone.

La storia di questa specialità è antica e molte sono le leggende nate intorno a questo dolce natalizio. Ma forse quella che più corrisponde alla realtà risale al lontano 1495 e precisamente al 24 dicembre. La neve aveva già imbiancato la città di Milano avvolgendola in uno strano silenzio, una luce fioca e tremolante proveniente dalle case e dai palazzi illuminava le vie della città.

Il Signore di Milano, che a quel tempo era Ludovico il Moro, membro della famosa famiglia degli Sforza, aveva organizzato un grande banchetto di Natale, al quale aveva invitato le persone più nobili di Milano.

«Un banchetto in grande stile per ospiti di riguardo» queste le parole del capocuoco, di cui purtroppo non si conosce il nome, ai suoi aiutanti in cucina. Quando tutti gli ospiti si furono accomodati alla meravigliosa tavola imbandita si diede inizio alla cena. Decine di candelabri illuminavano

Panettone

Der Panettone ist zweifellos das berühmteste Weihnachtsgebäck Italiens, es gibt ihn in den Tagen vor Weihnachten und dann bis zum 6. Januar in allen italienischen Haushalten. Man isst ihn nach dem Mittag- oder Abendessen, aber er schmeckt ebenso am Nachmittag zu einer Tasse Kaffee oder auch zum Frühstück. In Italien ist Weihnachten ohne Panettone nicht vorstellbar.

Diese Spezialität hat eine lange Geschichte und es gibt viele Legenden, die rund um diesen Weihnachtskuchen entstanden sind. Diejenige, die wohl der Wirklichkeit am nächsten kommt, geht auf das Jahr 1495 zurück, um genau zu sein: auf den 24. Dezember 1495. Der Schnee hatte Mailand schon weiß gefärbt und in eine seltsame Stille getaucht, von Zeit zu Zeit beleuchtete mattes, flackerndes Licht aus den Häusern und Palästen die Straßen der Stadt.

Der Herzog von Mailand, damals Ludovico Moro und zu der berühmten Familie der Sforza gehörend, hatte zu einem großen weihnachtlichen Festmahl Personen aus vornehmstem Mailänder Adel geladen.

«Es ist ein Festmahl in großem Stil für Ehrengäste», beschwor der Chefkoch, dessen Name leider nicht bekannt ist, seine Küchenhelfer. Als alle Gäste an der festlich gedeckten Tafel Platz genommen hatten, nahm das Mahl seinen Anfang. Dutzende Kerzenleuchter erhellten den Saal, und im großen Kamin verbreitete ein knisterndes Feuer seine Wärme. Natürlich war der Küchenchef ein wenig in Sorge:

la sala e nel grande camino un fuoco scoppiettante riscaldava l'ambiente. Certo che il capocuoco era po' preoccupato: le pietanze preparate da lui e dai suoi aiutanti dovevano piacere a tutti, altrimenti avrebbe addirittura rischiato di ritrovarsi per strada senza lavoro il giorno dopo. Ogni tanto lo chef, senza farsi vedere, dava un'occhiata nella sala per capire se gli ospiti gradivano i suoi cibi e tutto sembrava andare per il meglio.

In cucina tutti avevano un gran da fare e nessuno si era ricordato del dolce che era ancora nel forno. Verso la fine della cena il cuoco aprì il forno per tirare fuori il dolce, ma ahimé, alla vista di quella nera massa bruciata, egli andò su tutte le furie. Il dolce in quello stato non poteva essere servito: gli avrebbero fatto tagliare la testa. Non poteva di certo dire al suo padrone che lui e i suoi ospiti avrebbero dovuto rinunciare al dolce.

Il capocuoco era davvero disperato, quando un giovane sguattero gli si avvicinò e gli propose una soluzione. Da qualche parte aveva tenuto per sé dell'impasto al quale aveva aggiunto un po' di frutta candita, delle uova, zucchero e uvetta. Voleva portarlo a casa per aver qualcosa da mangiare dopo il lavoro e nei prossimi giorni di festa.

Il cuoco era scettico, ma non aveva altra scelta e disse allo sguattero di fare ciò che meglio credeva. Lo sguattero infilò l'impasto nel forno e lo fece cuocere. Certo, non aveva l'aspetto del dolce che era stato inizialmente preparato e le porzioni non erano davvero abbondanti, ma era meglio di niente. Intanto dalla sala arrivavano le prime considerazio-

Die Speisen, die von ihm und seinen Helfern vorbereitet worden waren, mussten allen munden, andernfalls hätte er riskiert, am nächsten Tag ohne Beschäftigung auf der Straße zu stehen. Hin und wieder warf er heimlich einen Blick in den Saal, um zu sehen, ob sein Essen den Geschmack der Gäste traf. Alles schien bestens zu laufen.

In der Küche war man sehr beschäftigt und keiner hatte mehr an den Kuchen gedacht, der sich noch im Ofen befand. Gegen Ende des Abendessens öffnete der Küchenchef die Ofentür, um den Kuchen herauszuholen. Aber o weh!, beim Anblick der verbrannten schwarzen Masse geriet er außer sich vor Wut. In diesem Zustand konnte der Kuchen nicht serviert werden: Es hätte ihn den Kopf gekostet. Aber er konnte seinem Herrn natürlich auch nicht sagen, dass er und seine Gäste auf die Nachspeise verzichten müssten.

Der Chefkoch war wirklich verzweifelt, da näherte sich ihm ein Küchenjunge und schlug eine Lösung vor. Irgendwo hatte er für sich einen Teil der Teigmischung beiseitegeschafft und ihr ein wenig kandierte Früchte, Eier, Zucker und Rosinen beigefügt. Er wollte ihn nach Hause nehmen, um nach der Arbeit und für die kommenden Feiertage etwas zu essen zu haben.

Der Koch war skeptisch, hatte aber keine andere Wahl und sagte zu dem Küchenjungen, er solle tun, was er für das Beste halte. Der Junge schob den Teig in den Ofen und ließ ihn backen. Er sah sicher nicht wie der Kuchen aus, der ursprünglich vorbereitet worden war, und die Portionen waren auch nicht gerade üppig, aber es war besser als nichts. Unterdessen kamen aus dem Saal die ersten Kom-

ni. La cena era piaciuta a tutti, ma ora volevano il dolce.

Il capocuoco si fece coraggio e uscì dalla cucina per servire quel dolce improvvisato e se ne tornò in cucina a malincuore. I minuti che seguirono sembrarono eterni, tutto il personale della cucina stava spiando dalla porta per vedere le reazioni degli ospiti e dopo ancora alcuni interminabili secondi di silenzio la voce di Ludovico il Moro tuonò nella sala. Voleva sapere chi era stato a preparare quel dolce.

Il cuoco credeva che per lui fosse giunta la fine e con un calcio spinse il giovane sguattero nel salone, che timido si avvicinò al duca di Milano.

« Sei stato tu a preparare questo dolce? » gli chiese il duca.

« Sì … mio Signore », rispose lo sguattero impaurito. Dopo pochi istanti seguì un grande applauso e Ludovico il Moro chiese al ragazzo:

« Come ti chiami? »

« Toni è il mio nome, mio Signore. »

« Evviva il pan de Toni! Evviva il pan de Toni! » gridarono tutti gli ospiti in milanese. In italiano: Evviva il pane di Toni. E così il pan de Toni divenne il panettone, il dolce che da allora fa parte della tradizione natalizia italiana.

Il Natale porta tante cose buone,
tra cui anche il panettone.

mentare. Das Abendessen war nach jedermanns Geschmack gewesen, nun aber verlangte man nach dem Dessert.

Der Chefkoch nahm all seinen Mut zusammen, verließ die Küche, um den improvisierten Kuchen zu servieren, und kehrte mit Herzklopfen wieder dorthin zurück. Die folgenden Minuten erschienen wie eine Ewigkeit, das gesamte Küchenpersonal spähte durch die Tür, um die Reaktionen der Gäste zu sehen, und nach ein paar weiteren endlosen Sekunden Stille donnerte die Stimme Ludovico Moros durch den Raum. Er wollte wissen, wer diesen Kuchen zubereitet hatte.

Der Koch dachte, dass nun sein letztes Stündlein geschlagen habe, und mit einem Fußtritt schob er den Jungen in den Saal, der sich schüchtern dem Herzog von Mailand näherte.

« Hast du diesen Kuchen gebacken? », fragte ihn der Herzog.

« Ja, mein Herr », antwortete verängstigt der Küchenjunge. Nach wenigen Augenblicken folgte ein lauter Applaus, und Ludovico fragte den Jungen:

« Wie heißt du? »

« Toni ist mein Name, Herr. »

« Es lebe Pan de Toni! Es lebe Pan de Toni », riefen alle Gäste in Mailänder Mundart. Auf Deutsch: Es lebe das Brot von Toni. Und so wurde aus « Pan de Toni » der Panettone, der Kuchen, der seitdem Teil der italienischen Weihnachtstradition ist.

Weihnachten bringt viele schöne Dinge,
eines davon ist der Panettone.

La polenta

La polenta è chiamata il pane dei poveri, e tuttavia è legata ad un'immagine romantica di un passato non tanto lontano nel tempo. Quando si parla di polenta non si parla solo di una specialità gastronomica antichissima che oggi viene rivalutata, ma anche di uno stile di vita. La polenta è una casa in montagna, una grande cucina con il camino e un tavolo per una decina di persone. Fuori la bufera di neve, dentro il fuoco che scoppietta allegramente e tutti aspettano con ansia di gustare una deliziosa polenta: gialla, morbida e fumante.

Per molti decenni la polenta è stata l'alimento principale delle popolazioni montane dell'Italia settentrionale e si potrebbe dire che la storia della polenta ha in qualche modo accompagnato la storia dell'uomo. La polenta non è stata scoperta in una circostanza particolare, la polenta esiste da millenni ed era già in uso presso gli antichi greci e i romani. A quei tempi la polenta si preparava con il farro, un cereale dal chicco duro, inizialmente si condiva con latte e formaggio e poi anche con carne d'agnello o di maiale. I soldati romani recavano con sé un sacchetto di farina di farro che cucinavano come la polenta.

La vera polenta fa però la sua comparsa solo

Polenta

Die Polenta wird das Brot der Armen genannt und ist dennoch mit einem romantischen Bild aus nicht allzu ferner Vergangenheit verknüpft. Wenn man von Polenta spricht, spricht man nicht nur von einer sehr alten kulinarischen Spezialität, die derzeit neue Wertschätzung erfährt, sondern auch von einem Lebensstil: Polenta, das ist ein Haus in den Bergen, eine große Küche mit Kamin und einem Tisch für etwa zehn Personen. Draußen der Schneesturm, drinnen das fröhlich knisternde Feuer, und alle warten sehnsüchtig darauf, das köstliche Gericht zu essen: gelb, weich und dampfend.

Viele Jahrzehnte lang war die Polenta das Hauptnahrungsmittel der Bergbevölkerung in Norditalien, ja man könnte sogar so weit gehen zu sagen, dass die Geschichte der Polenta mit der Geschichte der Menschheit einhergegangen ist. Die Polenta wurde nicht bei einer bestimmten Gelegenheit «entdeckt», sie existiert seit Jahrtausenden und war schon bei den alten Griechen und Römern gebräuchlich. Zu jener Zeit bereitete man sie mit Dinkel zu, einem harten Getreidekorn, dem man zunächst Milch und Käse, später dann auch Lamm- oder Schweinefleisch beimischte. Die römischen Soldaten führten einen Beutel mit Dinkelmehl mit sich, das sie wie Polenta kochten.

Die echte Polenta gibt es jedoch erst seit der Ent-

dopo la scoperta dell'America. Fu infatti Cristoforo Colombo a portare dalle nuove terre semi di una pianta sconosciuta che aveva uno strano nome: mahiz, già conosciuto nelle civiltà Maya e Azteche.

Il mais arrivò in Italia intorno al 1550 e i primi a coltivarlo furono gli abitanti del territorio che oggi fa parte della regione Veneto. Da qui il mais si diffuse rapidamente nel Friuli e poi in tutta l'Italia del Nord. La polenta arrivò sulle tavole dei cittadini piemontesi verso le metà del Settecento e trovò subito un posto di rispetto nella cucina della regione suscitando persino la curiosità dell'alta società, il cui l'entusiasmo però durò poco, essa fu presto scartata e declassata divenendo il cibo della popolazione più povera, l'alimento principale dei contadini durante le guerre e le carestie. La polenta è sì un alimento che saziava, ma non è affatto nutriente perché povera di vitamine e il grande consumo di polenta fu una delle cause principali per la diffusione della pellagra, una malattia causata dalla mancanza di vitamine.

Al giorno d'oggi la polenta è uno dei piatti tipici dell'Italia del Nord ed è questo il motivo per cui gli abitanti del sud spesso chiamano in modo dispregiativo gli italiani del nord «polentoni», cioè mangiatori di polenta.

Al nord ci sono molti modi di cucinare la polenta a seconda degli ingredienti usati nelle diverse regioni. In Valle d'Aosta esiste ad esempio la polenta concia, una polenta fatta con il formaggio fontina.

deckung Amerikas. In der Tat war es Christoph Kolumbus, der aus den neuen Ländern Samen einer unbekannten Pflanze mitbrachte, die einen seltsamen Namen hatte: Mahiz – schon bekannt bei den Maya und den Azteken.

Gegen 1550 kam der Mais nach Italien, und die Ersten, die ihn anbauten, waren die Bewohner des Gebiets, das heute Teil Venetiens ist. Von dort aus verbreitete sich der Mais schnell zunächst im Friaul und dann in ganz Norditalien. Auf den Tischen der Piemonteser tauchte die Polenta Mitte des achtzehnten Jahrhunderts auf und fand sofort Beachtung in der dortigen Küche, ja sie weckte sogar die Neugier der feinen Gesellschaft, wenngleich ihre Begeisterung nicht lange anhielt. Sie wurde bald verworfen und zur Speise der Ärmsten herabgestuft, das heißt zum Hauptnahrungsmittel der Bauern während der Kriege und Hungersnöte. Die Polenta ist nämlich ein zwar sättigendes, aber keinesfalls nahrhaftes Lebensmittel, denn sie ist arm an Vitaminen und war daher eine der Hauptursachen für die Ausbreitung der Pellagra, einer Vitaminmangelerkrankung.

Heutzutage zählt die Polenta zu den typischen Gerichten Norditaliens, weshalb die Bewohner des Südens die Italiener des Nordens oft abfällig als «Polentoni» bezeichnen, als Polentaesser.

Im Norden gibt es viele Arten, die Polenta zu kochen, je nachdem, welche Zutaten in den einzelnen Regionen verwendet werden. Im Aostatal gibt es zum Beispiel die *polenta concia*, eine Polenta, der Fontinakäse bei-

In Lombardia, nelle valli bergamasche e in Valtellina, si usa mangiare la polenta taragna fatta con farine differenti, tra cui la farina di grano saraceno e la farina di mais. Il nome taragna deriva dal verbo tarare, che in questo caso significa mischiare. Mentre si prepara la polenta bisogna infatti girarla in continuazione con un mestolo di legno per evitare che si attacchi al paiolo. La polenta taragna si può anche servire con salsicce nostrane o mortadella di fegato. La polenta con i ciccioli è più diffusa nel Friuli e nella zona di Mantova. I ciccioli sono un prodotto alimentare che si ottiene lavorando del grasso di maiale. La polenta con le patate è invece tipica del Trentino Alto Adige.

Nelle famiglie in cui la polenta è legata ancora oggi a un'antica tradizione si usa spesso coprire una lunga tavolata con una tovaglia di carta. Una volta pronta, la polenta si serve semplicemente sul tavolo, senza piatti, tagliata in pezzi quadrati come se fosse una pizza e spesso si mangia soltanto con le mani.

Nonostante la polenta sia un piatto tipico delle regioni alpine è una specialità che si apprezza anche al centro e al sud dell'Italia, tanto è vero che tutti gli anni, all'inizio di ottobre, a Cassino, tra Roma e Napoli, si celebra la sagra della polenta. Un'altra festa dedicata alla polenta si celebra nel piccolo centro di

gemischt wird, während man in der Lombardei, in den bergamaskischen Tälern und im Veltlin üblicherweise die *polenta taragna* isst, die mit verschiedenen Mehlarten, etwa mit Buchweizen- oder Maismehl, zubereitet wird. Der Name *taragna* leitet sich vom Verb *tarare* her, was hier so viel bedeutet wie «mischen, rühren». Und tatsächlich muss man während der Zubereitung die Polenta beständig mit einem Holzlöffel rühren, um das Festkleben am Kesselboden zu verhindern. Die *polenta taragna* kann man auch mit hausgemachten Würstchen oder Lebermortadella servieren. Polenta mit Grieben dagegen ist eher im Friaul und in der Gegend von Mantua verbreitet. Grieben sind ein Lebensmittel, das durch die Verarbeitung von Schweinefett gewonnen wird. Typisch für Südtirol wiederum ist die Polenta mit Kartoffeln.

In den Familien, in denen die Polenta noch heute mit altem Brauchtum verknüpft wird, pflegt man einen langen Tisch mit einem Tischtuch aus Papier zu bedecken. Ist die Polenta dann fertig, wird sie einfach ohne Teller auf dem Tisch serviert, wie eine Pizza in quadratische Stücke geschnitten und oft nur mit den Händen gegessen.

Obwohl die Polenta ein typisches Gericht der Alpenregionen ist, wird diese Spezialität auch in der Mitte und im Süden Italiens geschätzt, so sehr, dass jedes Jahr Anfang Oktober zwischen Rom und Neapel, in Cassino, ein Polenta-Fest gefeiert wird. Ein weiteres Fest, das der Polenta gewidmet ist, feiert man in der kleinen Ortschaft Nemoli in der Provinz Potenza, im tiefen Süden

Nemoli, in provincia di Potenza, nel profondo sud. La maggior parte dei ristoranti in cui si può gustare un'ottima polenta sono però nell'Italia del Nord.

Polenta, latte e vino
fanno crescere il bambino.

Italiens. Die meisten der Restaurants, in denen man köstliche Polenta essen kann, sind jedoch in Norditalien angesiedelt.

Polenta, Milch und Wein
lassen das Kind gedeihn.

Il tiramisù

Il dolce per eccellenza che va bene dopo qualsiasi pranzo o cena, indipendentemente da ciò che si è mangiato. È quasi d'obbligo chiudere la tavola con un buon tiramisù, la cui origine è contesa da almeno tre regioni italiane: il Piemonte, il Veneto e la Toscana.

Secondo i piemontesi, che sono sempre stati molto bravi nella produzione di dolci, il tiramisù o tiramisu è nato in una pasticceria di Torino intorno al 1860 per rinvigorire Camillo Benso, Conte di Cavour, allora molto impegnato politicamente nel tentativo di unificare l'Italia. Dopo l'unità d'Italia Camillo Benso fu il primo Presidente del Consiglio del nuovo stato.

La seconda leggenda ci porta nella regione del Veneto dove si racconta che il tiramisù derivi da una specie di zabaione a base di rosso d'uovo, zucchero e marsala che si sbatteva a freddo, il cui nome dialettale era «sbatudin», cioè «sbattutina». Nelle campagne i contadini offrivano questo dolce alle donne che avevano appena partorito per far loro riacquistare le forze. Si dice che l'aggiunta del mascarpone avvenne in seguito a uno scherzo che un certo signor Cesco fece alla figlia di un suo amico. La ragazza si lamentava spesso di essere stanca e il signor Cesco le consigliò di

Tiramisù

Die Süßigkeit schlechthin – gut nach jeder Art von Mittag- oder Abendessen, ganz unabhängig davon, was man gegessen hat. Eigentlich ist es ein Muss, das Mahl mit einem guten Tiramisù zu beschließen, um dessen Ursprung sich mindestens drei Regionen Italiens streiten: das Piemont, Venezien und die Toskana.

Den Piemontesen zufolge, die hinsichtlich der Zubereitung von Süßigkeiten schon immer sehr einfallsreich waren, wurde das Tiramisù um 1860 in einer Turiner Konditorei zum Leben erweckt, um Camillo Benso zu stärken, den Grafen von Cavour, der mit großem politischem Engagement versuchte, Italien zu einen. Nach der Einigung wurde Camillo Benso erster Ministerpräsident des neuen Staates.

Die zweite Legende bringt uns nach Venezien, wo man erzählt, das Tiramisù habe sich aus einer Art Zabaione, basierend auf kaltgeschlagenem Eigelb, Zucker und Marsala, entwickelt. Im Dialekt hieß es *sbatudin* beziehungsweise *sbattutina,* was so viel bedeutet wie «Kurzgeschlagenes». Auf dem Land gaben die Bauern diese Süßigkeit ihren Frauen, wenn sie gerade entbunden hatten, damit sie wieder zu Kräften kamen. Man sagt, dass es zur Beigabe von Mascarpone infolge eines Streichs kam, den ein gewisser Signor Cesco der Tochter eines seiner Freunde spielte. Das Mädchen beklagte sich oft darüber, müde zu sein, und Signor Ces-

aggiungere alla cosiddetta « sbattutina » un medicinale di sua invenzione. Ebbene il medicinale era il mascarpone, forse allora poco conosciuto, e che piaceva molto al signor Cesco, il quale pensava che il mascarpone assieme a tutti gli altri ingredienti della « sbattutina » assumesse un sapore amaro e sgradevole. Con il mascarpone la « sbattutina » acquisì invece un sapore ancora migliore e i ripetuti ringraziamenti della giovane donna lasciarono sbalordito il signor Cesco. Cesco era un'abbreviazione di Francesco e pare che il nome completo di questo signore fosse Francesco De Lemene, un professore universitario e scrittore di Lodi, in provincia di Milano, dove ha origine il mascarpone. La presenza del signor Cesco in Veneto può essere spiegata col fatto che insegnava anche all'università di Padova.

Lo scenario della terza leggenda è la Toscana. Ed eccoci a Siena, famosa per l'arte pasticcera, e dove verso la fine del Seicento il tiramisù compare per la prima volta sulle tavole di alcuni cittadini. Ciò accadde in occasione della visita a Siena del Granduca di Toscana, Cosimo III de' Medici, un nobile vanitoso e goloso, amante dello sperpero e dello sfarzo. Il dolce fu preparato apposta per lui e doveva rappresentare le stesse caratteristiche di una persona nobile: grandiosità e semplicità. Un dolce che si presentasse bene agli occhi e soddisfacesse le esigenze del palato. Il Granduca dopo averlo assaggiato si compiacque molto e così

co riet ihr, der sogenannten *sbattutina* eine von ihm erfundene Arznei hinzuzufügen. Nun, die Arznei war der Mascarpone, damals vielleicht nur wenig bekannt, aber von Signor Cesco sehr geschätzt. Er war offenbar der Meinung, der Mascarpone würde zusammen mit den anderen Zutaten einen bitteren, unangenehmen Geschmack annehmen. Mit dem Mascarpone wurde die *sbattutina* jedoch noch viel schmackhafter, und die wiederholten Dankesbeteuerungen der jungen Frau erstaunten Signor Cesco. «Cesco» war die Abkürzung von «Francesco», und man vermutet, dass der volle Name dieses Herrn Francesco De Lemene war, ein Universitätsprofessor und Schriftsteller aus Lodi in der Provinz Mailand, woher der Mascarpone stammt. Dass sich Signor Cesco in Venezien aufhielt, erklärt sich aus der Tatsache, dass er auch an der Universität von Padua unterrichtete.

Schauplatz der dritten Legende ist die Toskana, genau genommen Siena, das für seine Feinbäckerei berühmt ist. Dort taucht gegen Ende des siebzehnten Jahrhunderts das Tiramisù das erste Mal auf den Tischen einiger Bürger auf – und zwar aus Anlass des Besuchs des eitlen und naschhaften, verschwendungssüchtigen und auf Prunk bedachten Großherzogs der Toskana, Cosimo III. de Medici, in Siena. Die Süßigkeit war eigens für ihn zubereitet worden und sollte die charakteristischen Eigenschaften eines vornehmen Mannes zum Ausdruck bringen: Großartigkeit und Schlichtheit. Sie sollte die Augen erfreuen und die Ansprüche des Gaumens zufriedenstellen. Nachdem der

il dolce venne chiamato la zuppa del duca. Prima di ripartire per Firenze, il nobile Signore ne richiese la ricetta. A Firenze a quel tempo vi erano tanti personaggi illustri, intellettuali, artisti e letterati provenienti da ogni parte d'Italia e così fu che la zuppa del duca arrivò anche a Treviso e da lì a Venezia, dove divenne il dolce favorito dei cortigiani, i quali credevano che la zuppa del duca, oltre ad essere molto saporita, possedesse anche delle proprietà afrodisiache.

Tra i nobili di Venezia si diffuse così l'abitudine di mangiare una bella porzione di questa zuppa prima di avere un incontro amoroso, forse perché si credeva davvero che questo dolce potesse dare ai nobili signori la forza necessaria per fare una gran bella figura con la propria amante. Tiramisu è quindi il nome che si è voluto dare a questo dolce apparentemente innocente. Segreto svelato? Provatelo.

Mascarpone, savoiardi
e cioccolato fan di questo
un dolce prelibato.

Großherzog sie gekostet und Gefallen daran gefunden hatte, wurde die süße Speise «Herzogsuppe» genannt. Bevor er wieder nach Florenz zurückkehrte, fragte der adelige Herr nach dem Rezept. In Florenz tummelten sich zu jener Zeit viele berühmte Persönlichkeiten, Intellektuelle, Künstler und Schriftsteller aus allen Gegenden Italiens, und so kam es, dass die «Herzogsuppe» auch nach Treviso und von dort schließlich nach Venedig gelangte, wo sie das bevorzugte Dessert der höfischen Gesellschaft wurde, die überzeugt davon war, dass sie nicht nur sehr schmackhaft sei, sondern auch aphrodisische Eigenschaften besitze.

So machte sich unter dem Adel Venedigs die Gewohnheit breit, vor einem amourösen Stelldichein eine ordentliche Portion dieser «Suppe» zu essen, vielleicht weil man wirklich glaubte, dass die Süßigkeit den feinen Herren die nötige Kraft geben konnte, um bei der Geliebten einen guten Eindruck zu hinterlassen. *Tiramisù* (wörtlich: *Zieh mich hoch!*) sollte diese scheinbar unschuldige Süßspeise also heißen. Ist das Geheimnis nun gelüftet? Probieren Sie's aus!

Mascarpone, Löffelbiskuit
und Kakao ergeben
eine süße Köstlichkeit.

Il caffè

In Italia non è solo una bevanda calda che si beve alla mattina, dopo un pranzo o dopo un'ottima cena. Il caffè è qualcosa di più: è un'occasione per stare insieme, è un mezzo per socializzare.

Nonostante le diverse leggende che si aggirano intorno al caffè, pare che i primi a sorseggiare calde tazze di qahwa (questo il nome arabo del caffè) siano state le popolazioni dell'odierno Yemen verso il 1400. Dallo Yemen il caffè si diffuse nel mondo arabo arrivando fino in Egitto, favorito anche da alcune circostanze legate alla religione musulmana, cioè il divieto del Corano di bere vino. Il caffè fu così battezzato il « Vino dell'Islam ». Si credeva inoltre che avesse la proprietà di stimolare l'intelligenza e la creatività.

Dopo essere passato per la Turchia, il caffè arrivò in Europa all'inizio del Seicento e fu Venezia la prima città italiana a conoscere questa nuova bevanda orientale. Dapprima il caffè era più che altro usato come una sorta di medicinale che facilitava la digestione. Presto si capì che il caffè poteva essere una normale bevanda e fonte di grande guadagno e così nacquero le prime botteghe del caffè, la prima

Espresso

In Italien ist er nicht nur ein heißes Getränk, das man am Morgen, nach einem Mittagessen oder einem vorzüglichen Abendessen zu sich nimmt. Der Espresso ist mehr: eine Gelegenheit, um mit anderen zusammen zu sein, ein Mittel, um Kontakte zu knüpfen.

Trotz der unterschiedlichen Legenden, die sich um den Espresso ranken, sieht es so aus, als seien die Ersten, die um das Jahr 1400 heißen Qahwa (der arabische Name für Kaffee) aus ihren Tassen schlürften, Menschen aus dem heutigen Jemen gewesen. Von dort aus verbreitete sich der Kaffee in der arabischen Welt und kam bis nach Ägypten – begünstigt durch Umstände, die mit der islamischen Religion zu tun haben, nämlich mit dem im Koran festgeschriebenen Verbot, Wein zu trinken. So wurde der Kaffee «Wein des Islam» getauft. Man glaubte, dass er die Eigenschaft habe, die Intelligenz und Kreativität anzuregen.

Nachdem der Kaffee seinen Weg durch die Türkei genommen hatte, gelangte er Anfang des siebzehnten Jahrhunderts ins übrige Europa. Venedig war die erste italienische Stadt, in der dieses neue orientalische Getränk seinen Einzug hielt. Zunächst wurde der Kaffee vor allem als eine Art Medizin verwendet, die die Verdauung förderte. Bald erkannte man jedoch, dass er sich auch als normales Getränk eignete und damit Quelle großen Gewinns sein konnte, und so entstanden

nel 1645. Nella famosa Piazza San Marco il caffè Florian aprì nel 1720 le porte al pubblico e così in Italia nacque la moda del caffè, che veniva regalato in segno di amicizia e persino d'amore. Non erano rari i casi di spasimanti che inviavano alle loro amate ceste colme di caffè e cioccolata.

Questa moda piaceva però poco ad alcuni sacerdoti, che non vedevano di buon occhio una bevanda che proveniva dal mondo islamico, qualcuno di loro la considerava addirittura un manufatto diabolico, tanto che si chiese persino al Santo Padre di vietarla. Prima di prendere in considerazione la richiesta giunta in Vaticano, Papa Clemente VIII volle assaggiare questo misterioso caffè proveniente dall'oriente e ne rimase talmente entusiasta che lo proclamò «bevanda cristiana».

Nel 1763 a Venezia c'erano la bellezza di duecentodiciotto caffetterie, che erano ormai diventati luoghi di incontri mondani e culturali e dove si davano appuntamento anche uomini d'affari e politici. Questo nuovo modo di incontrarsi per bere un caffè si diffuse presto in tutta Italia, a Trieste, Padova, Torino, Genova, Roma, dove le caffetterie erano diventati i luoghi prediletti di artisti e scrittori.

Una città che nel corso dei secoli ha sviluppato una propria cultura del caffè è Napoli. Si dice che il caffè sia arrivato a Napoli grazie a Maria

die ersten Kaffeeläden, der erste 1645. 1720 eröffnete auf der berühmten Piazza San Marco das heutige Café Florian seine Türen für die Öffentlichkeit. Kaffee kam in Italien in Mode und wurde als Zeichen der Freundschaft und sogar der Liebe gern verschenkt. Die Fälle, in denen Verehrer den von ihnen Angebeteten Körbe randvoll mit Kaffee und Schokolade schickten, waren gar nicht so selten.

Weniger gut gefiel diese Mode hingegen einigen Priestern, die ein Getränk, das aus der islamischen Welt kam, mit großer Skepsis betrachteten. Manche von ihnen sahen in ihm sogar Teufelswerk, sodass sie den Heiligen Vater aufforderten, es zu verbieten. Doch wollte Papst Clemens VIII. diesen aus dem Orient stammenden, geheimnisvollen Kaffee erst kosten, bevor er den im Vatikan eingegangenen Antrag einer Prüfung unterzog – und er war so begeistert, dass er ihn zu einem «christlichen Getränk» erklärte.

Im Jahr 1763 gab es in Venedig nicht weniger als zweihundertachtzehn Cafés, die nun zu Orten der Geselligkeit und kulturellen Begegnung geworden waren, wo sich auch Geschäftsleute und Politiker trafen. Diese neue Gewohnheit, sich auf einen Kaffee zu treffen, verbreitete sich bald in ganz Italien: in Triest, Padua, Turin, Genua, Rom, wo die Cafés die Lieblingsplätze von Künstlern und Schriftstellern wurden.

Eine Stadt, die im Laufe der Jahrhunderte eine eigene Kaffeekultur entwickelte, ist Neapel. Es heißt, dass

Carolina d'Asburgo, originaria di Vienna e sposa di Re Ferdinando di Borbone – anche Vienna è una città che vanta un'antica tradizione del caffè.

La mattina il profumo del caffè si diffonde in ogni casa napoletana e la maggior parte dei napoletani ne bevono due o tre al giorno. Dopo pranzo è d'obbligo e dopo cena come si fa a rinunciare a una buona tazza di caffè?

Il caffè a Napoli viene tostato diversamente e ha quindi un colore più scuro rispetto a quello di altre regioni italiane. Si presta infatti grande attenzione al processo di torrefazione con il quale si riesce a ottenere una migliore estrazione degli aromi. Questo è il segreto del caffè napoletano.

Oggi in Italia esistono diversi tipi di caffè: quello doppio, il caffè lungo, il caffè macchiato – con una goccia di latte – o il caffè corretto – con un po' di grappa, e qualsiasi momento è buono per berne uno. Cosa che non vale per il cappuccino, che in Italia si beve solo di mattina e chi ordina un cappuccino dopo cena non è di sicuro italiano.

Il caffè per essere buono
deve essere nero come la notte,
caldo come il sole e
dolce come l'amore.

der Kaffee dank der gebürtigen Wienerin Maria Carolina von Habsburg, der Gemahlin von König Ferdinand von Bourbon, dorthin gekommen sei – auch Wien ist eine Stadt, die sich einer langen Kaffeetradition rühmt.

Morgens durchzieht der Duft nach Espresso jedes Haus, und die meisten Neapolitaner trinken zwei oder drei Tassen täglich. Nach dem Mittagessen ist der Espresso ein Muss, und nach dem Abendessen – wie könnte man da auf eine gute Tasse verzichten?

In Neapel wird der Kaffee auf besondere Weise geröstet, wodurch er eine dunklere Farbe annimmt als in den anderen Regionen Italiens. Tatsächlich schenkt man dort dem Vorgang der Röstung ganz besondere Beachtung und erzielt dadurch ein kräftigeres Aroma. Dies ist das Geheimnis neapolitanischen Kaffees.

Heute gibt es in Italien mehrere Varianten des Espresso, etwa den doppelten Espresso, den verlängerten, den Espresso macchiato – mit einem Schuss Milch – oder den Espresso corretto – mit etwas Grappa, und jede Tageszeit ist geeignet, um ihn zu trinken. Dies gilt jedoch nicht für den Cappuccino, den man in Italien nur morgens trinkt. Wer einen Cappuccino nach dem Abendessen bestellt, ist mit Sicherheit kein Italiener.

Guter Kaffee muss
schwarz wie die Nacht,
heiß wie die Sonne und
süß wie die Liebe sein.

Il pesto genovese

La regione ligure assomiglia ad un piccolo arco, lungo e stretto, situato tra l'Italia e la Francia, tra le montagne e il mare e parlando di gastronomia si pensa subito a dei saporiti piatti di pesce preparati in tantissime maniere, ma la gastronomia ligure è caratterizzata anche dalle erbe aromatiche, che grazie a un particolare microclima, un terreno favorevole, al sole ed all'aria salmastra, hanno trovato in questa terra le condizioni ideali per crescere in grande quantità, fra queste c'è ne una che ha reso la Liguria famosa in tutto il mondo: il basilico.

Questa pianta era già conosciuta nell'antica Grecia, in greco *basilikos* significa «reale». Ciò vuol dire che per i greci il basilico era un'erba nobile, un'erba regale, che si teneva in grandi vasi con cui si abbellivano gli ambienti. Gli arabi, invece, oltre a coltivarla come pianta ornamentale, la usavano anche per le sue proprietà terapeutiche. Con il basilico si combatte infatti lo stress, la pianta migliora la digeribilità dei cibi, fa bene a chi soffre di nausea, è adatta per la cura di dolori muscolari e reumatismi, insomma il basilico è una pianta un po' tuttofare. In Liguria si usava per cucinare e sono tre i tipi più impor-

Pesto

Ligurien ähnelt einem kleinen, langgestreckten, schmalen Bogen, der sich zwischen Italien und Frankreich, zwischen den Bergen und dem Meer befindet, und wer jetzt von Kochkunst spricht, denkt sofort an köstliche und auf vielfache Weise zubereitete Fischgerichte. Charakteristisch für die ligurische Küche sind aber auch die aromatischen Kräuter, die dank eines besonderen Mikroklimas, eines fruchtbaren Bodens, der Sonne und der salzhaltigen Luft in diesem Landstrich ideale Bedingungen für ein üppiges Wachstum gefunden haben. Eines von ihnen hat Ligurien in der ganzen Welt berühmt gemacht: das Basilikum.

Diese Pflanze war schon im alten Griechenland bekannt, auf Griechisch bedeutet *basilikos* «königlich». Das heißt nichts anderes, als dass das Basilikum für die Griechen ein edles, königliches Kraut war. Sie hatten es zur Verschönerung der Umgebung in großen Vasen stehen, wohingegen es die Araber nicht nur als Zierpflanze züchteten, sondern auch seiner therapeutischen Eigenschaften wegen nutzten. Mit Basilikum lässt sich nämlich Stress bekämpfen, die Pflanze macht die Speisen leichter verdaulich, tut allen gut, die an Übelkeit leiden, eignet sich zur Heilung von Muskelschmerzen und Rheumatismus, kurz: Basilikum ist ein kleiner Alleskönner. In Ligurien verwendete man es in der Küche, wobei in dieser Region vor allem drei bedeu-

tanti di basilico coltivati in questa regione: il basilico gigante, il basilico nano e il basilico genovese comune.

In molti hanno provato a coltivare il basilico in altre regioni d'Italia e persino all'estero, ma i risultati sono sempre stati deludenti. Per crescere bene il basilico ha infatti bisogno di quelle particolari condizioni climatiche che esistono solo in Liguria. Nel corso dei secoli questa pianta è entrata a far parte della cultura e tradizione ligure. Si racconta che in passato tutti i comandanti genovesi avevano sulla propria nave una o due piante di basilico che portavano con sé nei loro lunghi viaggi. Oggi in Liguria il basilico si trova su ogni balcone e su ogni finestra.

La grande popolarità di questa pianta è dovuta al fatto che si tratta dell'ingrediente principale del pesto. Durante la preparazione il basilico viene sottoposto ad un trattamento particolare: le foglie di basilico vanno pestate in un mortaio di marmo con il pestello, un attrezzo di legno. Il metodo della pestatura è lento, ma del tutto efficace perché così le foglie di basilico danno il massimo del sapore. Ed è proprio da questo tipo di preparazione che una delle salse più famose del mondo prende il suo nome: il pesto. Per ottenere il pesto migliore il movimento di chi pesta o batte le foglie di basilico deve essere anche rotatorio. Un altro ingrediente importante è

tende Basilikumarten angebaut wurden: das «Große Basilikum», das «Zwergbasilikum» und das «Gemeine Genueser Basilikum».

Vielerseits wurde versucht, das Basilikum auch in anderen Gegenden Italiens zu kultivieren, auch im Ausland, aber die Ergebnisse waren immer enttäuschend. Um gut zu gedeihen, braucht es tatsächlich besondere klimatische Bedingungen, wie sie nur in Ligurien anzutreffen sind, und so ist im Laufe der Zeit diese Pflanze Teil der ligurischen Kultur und Tradition geworden. Man erzählt, dass in der Vergangenheit alle Genueser Kapitäne ein oder zwei Basilikumpflanzen an Bord hatten und auf ihren langen Reisen mit sich führten. Heute ist das Basilikum auf jedem Balkon und vor jedem Fenster zu finden.

Die große Beliebtheit dieser Pflanze ist der Tatsache geschuldet, dass sie die wichtigste Zutat des Pestos ist. Bei der Zubereitung erfährt das Basilikum eine spezielle Art der Behandlung: Die Blätter werden in einem Mörser aus Marmor mit dem Stößel, einem Holzgerät, zerstoßen (italienisch: *pestare*). Das ist eine einfache, aber äußerst wirksame Methode, weil auf diese Weise die Blätter den größtmöglichen Geschmack entfalten. Und genau dieses Vorgehen ist der Grund dafür, warum eine der berühmtesten Soßen der Welt *pesto* heißt. Die Basilikumblätter müssen in einer Drehbewegung gestoßen oder geschlagen werden, so erhält man das beste Pesto. Eine weitere wichtige Zutat ist das

l'olio d'oliva extravergine prodotto anch'esso in Liguria.

Pare che il pesto fosse già conosciuto nell'Ottocento, ma solo alla fine del ventesimo secolo il pesto genovese ha ottenuto una fama mondiale e sono molti i ristoranti su tutto il globo ad avere inserito nel menu una pasta condita con questa specialità.

Chi prova a pestare l'acqua
nel mortaio si bagna con
gli spruzzi e più si stanca.

kaltgepresste Olivenöl, das ebenfalls in Ligurien hergestellt wird.

Das Pesto war wohl schon im neunzehnten Jahrhundert bekannt, aber erst Ende des zwanzigsten Jahrhunderts hat es Weltruhm erlangt, und viele Restaurants auf dem ganzen Erdball bieten auf ihrer Karte Pasta mit dieser Spezialität an.

Wer versucht, Wasser im Mörser
zu zerstoßen, der wird nassgespritzt
und obendrein müde.

Le lasagne

La regione dell'Emilia-Romagna è una terra che offre innumerevoli specialità culinarie, una terra ricca di moltissimi prodotti che hanno trovato un posto anche nei siti gastronomici più raffinati di tutto il mondo. Quando si parla di Emilia-Romagna e si abbina questo nome alla cucina, non si può fare a meno di pensare al favoloso prosciutto crudo di Parma, all'eccellente e altrettanto famosa mortadella, al gustosissimo parmigiano, ai tortellini fatti in cento maniere, ripieni e non ripieni e tanti, tanti altri prodotti che sono un vero ben di Dio. E tra tutte le specialità ne spicca una in particolare di cui tutti gli abitanti della regione, e soprattutto della città di Bologna, vanno fieri: le lasagne.

Si tratta di una forma di pasta le cui origini sono probabilmente da cercare tra gli antichi romani, cento anni prima della nascita di Gesù Cristo, ai tempi di Cicerone. Esistono dei documenti nei quali si parla di *làgana* – parola che deriva dal latino *làganum* – e con la quale si indica una schiacciata di farina senza lievito, che si cuoce in acqua. Usata al plurale la parola *làgana* vuol dire strisce di pasta sottile preparate con farina e acqua, di sicuro una forma primitiva delle attuali lasagne.

Lasagne

Die Emilia Romagna ist eine Region, die unzählige kulinarische Spezialitäten zu bieten hat, eine reiche Region mit vielen Erzeugnissen, die ihren Platz auch in der gehobenen Küche auf der ganzen Welt gefunden haben. Wenn man von der Emilia Romagna spricht und diesen Namen mit der Gastronomie in Verbindung bringt, muss man zwangsläufig an den berühmten Parmaschinken, die ausgezeichnete und gleichfalls berühmte Mortadella, den köstlichen Parmesan, die auf hunderterlei verschiedene Weise hergestellten gefüllten oder nicht gefüllten Tortellini sowie an viele, viele weitere Produkte denken, die eine wahre Gottesgabe sind. Unter all diesen Spezialitäten ragt eine ganz besonders heraus, die alle Bewohner der Region, vor allem die von Bologna, mit Stolz erfüllt: die Lasagne.

Es handelt sich dabei um eine Teigware, deren Ursprung wohl schon bei den alten Römern liegt, hundert Jahre vor Christi Geburt, zur Zeit Ciceros. Es gibt Schriftstücke, in denen von *làgana* die Rede ist, ein Wort, das vom lateinischen *làganum* herrührt und mit dem man einen Fladen bezeichnet, der aus Mehl, aber ohne Hefe gemacht und in Wasser gekocht wird. Im Plural verwendet bedeutet das Wort *làgana* so viel wie Streifen aus dünnem Teig, zubereitet mit Mehl und Wasser – sicherlich die ursprüngliche Form der heutigen Lasagne.

Altri esperti sostengono invece che le origini delle lasagne non siano italiane, ma che questo prodotto provenga dal lontano oriente. Esiste infatti una parola arabo-persiana, e precisamente *lawsinag*, usata per un dolce orientale fatto di una sottilissima pasta di mandorle e cotto in grandi teglie rotonde. Una volta pronto, si taglia a strisce per essere mangiato.

Che sia questa la vera patria delle lasagne? Ad ogni modo il dolce arabo era molto simile ad un impasto di un antico buongustaio romano chiamato Marcus Gavius Apicius (cfr. p. 76), che al posto di farcirlo con dei dolci, lo riempiva di carne. Fatto sta che le lasagne cominciano molto presto a girare per l'Europa e all'inizio del Trecento arrivano in Inghilterra con il nome di *loscyns* o *losyngys*. Tre secoli dopo, i francesi le chiamano *losans*.

Secondo un'antica tradizione le lasagne sono il piatto tipico delle famiglie italiane che si riuniscono la domenica per il pranzo. Il motivo di questo rito potrebbe essere che le lasagne fatte in casa con un buon ragù di carne e altri ingredienti richiedono un certo tempo di preparazione ed è meglio se ci sono due o tre persone a dividersi i compiti in cucina. Le lasagne sono quindi un piatto che riunisce la famiglia non solo al momento di consumarlo. In passato il sabato era il giorno in cui si cominciava a preparare le lasagne. Come prima cosa si metteva a cuocere il ragù, il cui profumo

Andere Fachleute hingegen vertreten die Meinung, dass die Lasagne nicht italienischen Ursprungs ist, sondern aus dem fernen Orient stammt. Tatsächlich gibt es ein Wort arabisch-persischer Herkunft, nämlich *lawsinag,* das man für eine orientalische Süßigkeit verwendet, die aus hauchdünnem Mandelteig hergestellt und in großen, runden Backformen gebacken wird. Sobald sie fertig ist, schneidet man sie in Streifen, um sie zu essen.

Was ist nun die wahre Heimat der Lasagne? Wie auch immer: Die arabische Süßigkeit war der Teigmischung eines alten römischen Feinschmeckers namens Marcus Gavius Apicius (vgl. S. 77) sehr ähnlich, der sie allerdings mit Fleisch anstatt mit Süßem füllte. Fest steht, dass sich die Lasagne sehr schnell in ganz Europa auszubreiten begann: England erreichte sie zu Beginn des vierzehnten Jahrhunderts unter dem Namen *loscyns* oder *losyngys,* und in Frankreich nannte man sie dreihundert Jahre später *losans*.

Einer alten Tradition gemäß ist die Lasagne ein typisches Gericht, wenn sich italienische Familien am Sonntag zum Mittagessen versammeln. Das mag daran liegen, dass die hausgemachte Lasagne mit einem guten Fleischragout und anderen Zutaten eine gewisse Vorbereitungszeit erfordert und sich am besten zwei oder drei Personen die Aufgaben in der Küche teilen. Die Lasagne ist also ein Gericht, das die Familienmitglieder nicht erst zum Zeitpunkt des Verzehrs zusammenbringt. Früher war es üblich, schon am Samstag mit der Zubereitung der Lasagne zu beginnen. Als Erstes machte man sich daran, das Ragout zu kochen, dessen Duft in

allietava l'umore in ogni angolo della casa e nel frattempo ci si dedicava alla lavorazione della pasta fresca. Purtroppo anche questa è un'usanza che ultimamente va scomparendo, ma su qualche tavola italiana la domenica appare ancora una teglia di saporite lasagne fumanti.

Con l'andar del tempo le varie cucine regionali hanno saputo adattare le lasagne al proprio tipo di prodotti e usanze. Le lasagne più famose sono le lasagne alla bolognese, ma ci sono anche le lasagne al pesto che sono tipiche della Liguria e le lasagne napoletane che si preparano con delle piccolissime polpette di carne.

Nonostante le lasagne siano davvero una specialità gastronomica, non si trovano spesso nei menu dei ristoranti italiani, forse perché dopo un bel piatto di lasagne non si è più in grado di ordinare un secondo piatto a base di pesce o carne. Ad ogni modo le vere lasagne sono quelle fatte in casa.

Se si litiga in cucina
ogni pasto va in rovina.

jeder Ecke des Hauses für gute Stimmung sorgte, und während es vor sich hin schmorte, widmete man sich der Herstellung des frischen Teigs. Leider verliert dieser Brauch in jüngster Zeit an Bedeutung, aber auf einigen Tischen Italiens steht sonntags noch immer eine Auflaufform mit köstlich dampfender Lasagne.

Im Laufe der Zeit wurde die Lasagne den jeweiligen Regionalküchen und ihren Eigenheiten und Gepflogenheiten angepasst. Die bekannteste Lasagne ist die Lasagne nach Bologneser Art, aber es gibt auch die für Ligurien typische Lasagne mit Pesto und die neapolitanische Lasagne, die man mit winzigen Fleischbällchen zubereitet.

Obwohl die Lasagne ohne jeden Zweifel eine gastronomische Spezialität ist, ist sie auf den Speisekarten der italienischen Restaurants nicht oft zu finden, vielleicht weil man nach einem üppigen Teller Lasagne nicht mehr in der Lage ist, einen zweiten Gang mit Fisch oder Fleisch zu bestellen. Aber die echte Lasagne ist sowieso die hausgemachte.

Streit in der Küche verdirbt
jede Mahlzeit.

L'aceto balsamico

Una sostanza simile a questa delicata specialità era già conosciuta presso gli antichi romani e pare che anche Marco Gavio Apicio, un personaggio legato alla cultura culinaria dell'antica Roma, ne facesse uso per esaltare il gusto di carni, pesci, verdure e persino frutta. Apicio la cita persino nel suo libro ‹De re coquinaria›, il più antico ricettario della Roma Imperiale conservatosi contenente cinquecento ricette. Apicio non era però l'unico a sapere usare ed apprezzare già allora questa primitiva forma di aceto in cucina.

Dovranno trascorrere alcuni secoli prima che un monaco benedettino di nome Donizone, vissuto tra l'undicesimo e il dodicesimo secolo, testimoni per iscritto l'esistenza dell'aceto balsamico. E pare che questo prezioso liquido sia nato per caso, o meglio per distrazione: si narra che in un vaso di terracotta qualcuno avesse dimenticato un quantitativo di mosto cotto d'uva, chiamato saba, usato anche come dolcificante. Quando il vaso fu ritrovato, la sostanza era in avanzata fase di acetificazione, cosa che incuriosì molto il monaco. Dopo un cauto assaggio si rese conto di quel particolare sapore agrodolce e

Balsamico

Eine dieser erlesenen Spezialität vergleichbare Substanz war schon den alten Römern bekannt, und es sieht ganz danach aus, als habe auch Marcus Gavius Apicius, eine Persönlichkeit, die mit der römischen Kochkunst verknüpft ist, Gebrauch davon gemacht, um den Geschmack von Fleisch, Fisch, Gemüse, ja sogar Obst hervorzuheben. Apicius erwähnt sie nämlich in seinem Buch ‹Über die Kochkunst›, dem ältesten erhaltenen römischen Kochbuch mit fünfhundert Rezepten aus dem Kaiserreich. Er war jedoch nicht der Einzige, der diese ursprüngliche Form des Essigs schon damals in der Küche zu verwenden und seine Güte zu schätzen wusste.

Es müssen einige Jahrhunderte verstreichen, bevor ein Benediktinermönch namens Donizone, der zwischen dem elften und dem zwölften Jahrhundert gelebt hat, die Existenz des Balsamessigs schriftlich bezeugt. Es hat den Anschein, als sei diese wertvolle Flüssigkeit per Zufall entstanden, besser gesagt: aus Zerstreutheit. Man erzählt nämlich, dass irgendjemand in einem Terracottagefäß eine kleine Menge an gekochtem Traubenmost, «Saba» genannt und auch als Süßstoff eingesetzt, vergessen habe. Als das Gefäß von einem Mönch entdeckt wurde, war der darin befindliche Stoff in einem fortgeschrittenen Stadium der Gärung, was den Mönch sehr neugierig machte.
Als er vorsichtig eine Kostprobe nahm, fiel ihm der besondere, süßsaure Geschmack auf, und er begriff, dass sich

capì che ciò poteva essere il condimento adatto per tanti piatti.

Nelle testimonianze scritte si parla poi di un'ampolla o di una piccola bottiglia di tale aceto che il Marchese Bonifacio, Signore di Canossa, regalò all'Imperatore Enrico II di Franconia per scusarsi di non aver pagato le tasse. Ciò accadde nell'anno del Signore 1046 e l'imperatore apprezzò molto il regalo e perdonò il Marchese. A quel tempo l'aceto non aveva ancora preso la definizione di « balsamico », ma il fatto che un aristocratico abbia deciso di regalare dell'aceto a un Imperatore fa capire quanto fosse pregiato quel liquido.

Secondo alcune fonti nel 1508 anche Lucrezia Borgia, la figlia del Papa Alessandro VI, volle usare l'aceto balsamico come medicinale al momento del parto. Nel 1630 l'aceto balsamico fu addirittura impiegato come una specie di vaccino contro la peste. Molte sono inoltre le testimonianze di nobili signori, afflitti da qualche malore, che portavano sempre con sé una bottiglietta di aceto balsamico.

Non si sa se fu questa la ragione per cui la produzione di aceto si sviluppò rapidamente fino al 1598, anno in cui i Duchi d'Este si trasferirono da Ferrara a Modena, divenuta capitale del Ducato, e da dove poi l'aceto si diffuse rapidamente in tutta Italia e in Europa. Ma già nel 1556 esisteva un volume di Corte intitolato ‹ La Grassa ›, in cui era annotata una precisa classificazione dell'aceto secondo l'impiego che se ne voleva fare. Pare quindi

dieses Gewürz für eine ganze Reihe von Speisen eignen könnte.

Weiter wird in den schriftlichen Zeugnissen von einem Flacon oder Fläschchen dieses Essigs gesprochen, das Marchese Bonifacio, Herr von Canossa, dem fränkischen Kaiser Heinrich II. schenkte, um Vergebung dafür zu erbitten, dass er die Steuern nicht gezahlt hatte – so geschehen im Jahr 1046. Der Kaiser schätzte das Geschenk sehr und verzieh ihm. Zu jener Zeit hatte der Essig noch nicht die Bezeichnung «Balsamico», aber die Tatsache, dass sich ein Adeliger dazu entschlossen hatte, einem Kaiser Essig zu schenken, lässt ahnen, wie wertvoll diese Flüssigkeit war.

Einigen Quellen zufolge wollte 1508 wohl auch Lucrezia Borgia, Tochter Papst Alexanders VI., den Balsamico verwenden – als Arznei bei der Entbindung. 1630 wurde er sogar als eine Art Impfstoff gegen die Pest eingesetzt. Darüber hinaus gibt es etliche Zeugnisse adeliger Herren, die an dem einen oder anderen Unwohlsein litten und immer ein kleines Fläschchen Balsamico mit sich führten.

Es ist nicht bekannt, ob dies dazu beitrug, dass sich die Essigherstellung bis 1598 rasant entwickelte, dem Jahr, in dem der Herzog und die Herzogin d'Este von Ferrara nach Modena übersiedelten, das Hauptstadt des Herzogtums geworden war und von wo aus sich der Essig in Windeseile in ganz Italien und Europa verbreitete. Schon 1556 gab es ein Buch bei Hofe, das den Titel ‹La Grassa› (zu Deutsch: Die Fette) trug und in dem eine genaue Klassifizierung des Essigs vorgenommen worden war, je nachdem, wozu man

che gli esperti di allora sapessero già molto bene come produrre l'aceto e quale fosse il tipo giusto da inviare o regalare a nobili e a persone importanti.

Nel Settecento erano molti i mercanti inglesi e francesi che volevano comperare l'aceto di Modena e una richiesta arrivò persino dalla lontana Russia.

La parola «balsamico» si sposa con l'aceto solo nel 1747 e ciò si spiega col fatto che l'aceto veniva in primo luogo usato in medicina e solo secondariamente in gastronomia.

Spesso l'aceto balsamico ha rischiato di scomparire dalla circolazione come al tempo della rivoluzione francese, quando si ordinò la vendita delle acetaie ducali che sarebbero potute andare a finire in mano a persone che non sarebbero state in grado di gestirne la complessa produzione. Un altro fatto storico che ha rischiato di compromettere l'esistenza dell'aceto coinvolge il famoso politico e patriota italiano Camillo Benso Conte di Cavour, il quale ordinò di far trasferire da Modena a Moncalieri, sua patria, tutte le migliori scorte di aceto balsamico. Il prezioso liquido, forse non ben conservato, fu presto inutilizzabile e si perse così una grandissima quantità di aceto.

Il «balsamico» è sopravvissuto grazie all'intervento di un avvocato modenese, Francesco Aggazzotti, che era anche un esperto cultore. Grazie al suo aiuto i modenesi riuscirono a

ihn verwenden wollte. Offensichtlich wussten die Fachleute damals schon sehr gut, wie Essig hergestellt wird und welcher der richtige ist, um ihn an Adelige und bedeutende Personen zu senden oder zu verschenken.

Im achtzehnten Jahrhundert gab es zahlreiche englische und französische Händler, die Essig aus Modena kaufen wollten, eine Anfrage kam sogar aus dem fernen Russland.

Erst 1747 ging das Wort «Balsamico» mit dem Essig eine Verbindung ein, was daran lag, dass Essig an erster Stelle in der Medizin und erst an zweiter in der Gastronomie verwendet wurde.

Immer wieder lief der Balsamico Gefahr, von der Bildfläche zu verschwinden, wie etwa zur Zeit der Französischen Revolution, als der Verkauf der herzöglichen Essigfabriken angeordnet wurde. Sie hätten in die Hände von Personen fallen können, die nicht in der Lage gewesen wären, die umfangreiche Fertigung zu leiten. Eine andere geschichtliche Begebenheit, die die Existenz des Essigs gefährdete, hat mit dem berühmten italienischen Politiker und Patrioten Camillo Benso zu tun, dem Herzog von Cavour, der den Befehl erteilte, alle Vorräte des besten Balsamicos von Modena nach Moncalieri, seiner Heimatstadt, zu verlegen. Die kostbare Flüssigkeit war – vielleicht durch unsachgemäße Lagerung – allerdings bald unbrauchbar geworden, und so gingen beachtliche Mengen Essigs verloren.

Der Balsamico überlebte dank des Einschreitens eines Rechtsanwalts aus Modena, Francesco Aggazzotti, der auch ein großer Weinkenner und -liebhaber war. Seiner Unterstützung ist es zuzuschreiben, dass es den Einwoh-

mettere a punto la procedura più adatta per la produzione.

Ora ce ne sono tre tipi, che si differenziano tra di loro per la provenienza, ma anche per il metodo di preparazione e per i tempi di invecchiamento: l'aceto balsamico di Modena, l'aceto balsamico tradizionale di Modena e l'aceto balsamico tradizionale di Reggio Emilia. La produzione di aceto balsamico è un'operazione che richiede molta pazienza. Un ciclo completo di produzione dura in media quindici anni, ma ci sono anche tipi di aceto che devono invecchiare per vent'anni.

Come molti vini anche l'aceto balsamico ha il marchio D.O.C. (Denominazione di Origine Controllata) che tutela il prodotto e garantisce che il lavoro portato avanti da generazioni rispetti nella produzione le antiche tradizioni. Un buon aceto balsamico di Modena o di Reggio Emilia può essere molto costoso, ma vale davvero la pena condire i propri cibi con una specialità creata quasi per caso mille anni fa da un monaco.

Se non è stato un buon vino,
non sarà buon aceto.

nern Modenas gelang, das am besten geeignete Verfahren zur Herstellung und Lagerung herauszufinden.

Heute gibt es drei Arten, die sich vor allem hinsichtlich ihrer Herkunft beziehungsweise der Art der Verarbeitung und der Dauer der Lagerung unterscheiden: den Balsamico aus Modena, den traditionellen Balsamico aus Modena und den traditionellen Balsamico aus Reggio Emilia. Die Herstellung des Essigs erfordert viel Geduld. Ein vollständiger Produktionsdurchlauf dauert im Schnitt fünfzehn Jahre, aber es gibt auch Essigsorten, die man zwanzig Jahre lagern lässt.

Wie eine Vielzahl von Weinen hat auch der Balsamico das DOC-Siegel (*Denominazione di Origine Controllata*, eine Herkunftsbezeichnung), das das Produkt schützt und eine Garantie dafür gibt, dass die Arbeit, die über Generationen hinweg fortgeführt wurde, die alten Traditionen achtet, die diese Herstellungsweise verlangt. Ein guter Balsamico aus Modena oder Reggio Emilia kann sehr kostspielig sein, aber es lohnt sich, die Speisen mit einer Spezialität zu würzen, die mehr oder weniger zufällig vor fast tausend Jahren von einem Mönch kreiert wurde.

Aus schlechtem Wein
wird auch kein guter Essig.

Il parmigiano reggiano

Il sapore unico di questo formaggio è conosciuto in tutto il mondo. Una famiglia italiana composta di quattro persone ne consuma in media diciannove chilogrammi all'anno. Questo formaggio non manca mai quando si tratta di condire un buon piatto di pasta. Il famoso poeta fiorentino Giovanni Boccaccio, autore del ‹Decamerone›, già ne decanta l'infinita bontà, descrivendolo come condimento eccelso per ravioli e maccheroni. Ottimo è anche per chiudere un pranzo o una cena.

Il parmigiano compare già in alcuni testi scritti dagli antichi romani, ma ufficialmente «nasce» nel Duecento e ancora oggi non si sa con certezza dove sia stato prodotto per la prima volta.

Da che tempo è tempo i monaci sono sempre stati molto abili nell'ingegnarsi e creare prodotti di eccellente qualità. Le migliori grappe, gli spumanti più apprezzati e i vini più amabili sono spesso stati frutto della mano d'opera di frati. Così è stato anche per il parmigiano. Nei territori tra Reggio Emilia e Parma erano quattro i monasteri principali, di cui due benedettini e due cistercensi. I monaci, grandi allevatori di bestiame, davano da mangiare alle mucche il trifoglio, un'erba medica che serviva come particolare

Parmesan

Der einzigartige Geschmack dieses Käses ist auf der ganzen Welt bekannt. Eine vierköpfige italienische Familie verbraucht davon pro Jahr im Schnitt neunzehn Kilogramm. Dieser Käse fehlt nie, wenn es darum geht, ein gutes Nudelgericht zu würzen. Bereits der berühmte Florentiner Dichter Giovanni Boccaccio, Verfasser des ‹Decamerone›, rühmt seine erstklassige Qualität und beschreibt ihn als vorzügliche Würze für Ravioli und Maccheroni. Doch ebenso gut eignet er sich auch als Abschluss eines Mittag- oder Abendessens.

Der Parmesan taucht schon in einigen Schriftstücken bei den alten Römern auf, offiziell jedoch erblickt er im dreizehnten Jahrhundert das Licht der Welt, wobei man noch heute nicht mit Sicherheit sagen kann, wo dieser Käse das erste Mal produziert wurde.

Von jeher waren Mönche sehr geschickt darin, Produkte von großer Güte zu entwickeln und herzustellen. Die besten Grappas, weithin anerkannte Sekte und die herrlichsten Weine verdanken ihr Dasein oft der Geschicklichkeit der Ordensbrüder. So verhielt es sich auch beim Parmesan. In dem Gebiet zwischen Reggio Emilia und Parma gab es vier bedeutende Klöster, zwei Benediktiner- und zwei Zisterzienserklöster. Die Mönche, ihrerseits auch große Viehzüchter, gaben den Kühen Klee zu fressen, ein Heilkraut, das als Kraftfutter diente. Der Wasserreichtum in diesem Gebiet

nutrimento. L'abbondanza d'acqua in queste zone favoriva la buona qualità dei pascoli e con il latte di queste mucche si produceva un formaggio davvero saporito e allo stesso tempo delicato, dall'aroma inconfondibile.

Accanto ai monasteri sorsero così i primi caseifici, costruzioni che in parte esistono ancora oggi. Si trattava di edifici quadrati dove i monaci con grande impegno e costanza trasformavano il latte in formaggio. Basti pensare che per una forma di formaggio che pesa quaranta chilogrammi ci volevano e ci vogliono seicento litri di latte.

In quel periodo tra le varie comunità religiose in Italia e in Europa cominciarono gli scambi di merce, grazie ai quali i loro prodotti si diffusero rapidamente in tutto il territorio italiano e all'estero. I monaci continuarono a fare esperimenti nei loro grandi «laboratori» scoprendo così che con un doppio riscaldamento del latte a una temperatura adatta, si riusciva a produrre una pasta con poca acqua, premessa ideale per la produzione di un formaggio che era possibile conservare molto più a lungo del formaggio prodotto in passato, aumentandone notevolmente anche il valore nutritivo.

Le grandi forme di formaggio dorato erano un'attrazione per i mercanti di passaggio. I monaci li accoglievano a braccia aperte, davano loro ristoro, consolazione, l'assoluzione dai loro peccati e un buon bicchiere di vino rosso. Dai monaci i mercanti acquistavano il parmigiano,

begünstigte die Beschaffenheit der Weiden, sodass man aus der Milch dieser Kühe sehr schmackhaften und gleichzeitig feinen Käse mit unverwechselbarem Aroma fertigen konnte.

Neben den Klöstern entstanden so die ersten Molkereien, Bauwerke, die zum Teil heute noch bestehen. Es handelte sich um Gebäude mit quadratischem Grundriss, in denen die Mönche mit großem Eifer und beträchtlicher Ausdauer Milch zu Käse verarbeiteten. Man bedenke nur, dass man für einen Käselaib mit einem Gewicht von vierzig Kilogramm sechshundert Liter Milch benötigte (und immer noch benötigt).

In jener Zeit setzte zwischen den vielfältigen Ordensgemeinschaften in Italien und Europa ein reger Warenaustausch ein; ihm war es zu verdanken, dass sich ihre Produkte schnell in ganz Italien und im Ausland verbreiteten. Die Mönche experimentierten unermüdlich in ihren großen « Forschungsstätten », und so entdeckten sie, dass man bei zweimaliger Erwärmung der Milch auf eine geeignete Temperatur eine Masse mit wenig Wassergehalt erzeugen konnte – eine ideale Voraussetzung für die Herstellung von Käse, der eine viel längere Haltbarkeit hatte als seine Vorläufer und einen beachtlich gesteigerten Nährwert noch dazu.

Die mächtigen Laibe des goldfarbenen Käses übten eine große Anziehungskraft auf die durch die Lande ziehenden Händler aus. Die Mönche nahmen sie mit offenen Armen auf und gewährten ihnen Stärkung, Trost, Vergebung ihrer Sünden und ein Glas Rotwein. Die Händler wiederum erwarben von den Mönchen

che andavano poi a rivendere nei mercati delle grandi città.

Questa è la storia di un formaggio diventato famoso e la cui produzione nel corso dei secoli non è cambiata molto. Il rispetto delle antiche tradizioni è spesso una garanzia di successo.

Il nome di questo divino formaggio esiste ufficialmente dal 1928, anno in cui l'Unione Industriale e la Camera di Commercio di Reggio Emilia istituirono un consorzio per la tutela del prodotto, che nel 1964 ricevette il marchio d'origine con la scritta a puntini «Parmigiano-Reggiano».

Assagia di tutto,
ma concludi con il formaggio.

den Parmesan, den sie dann auf den Märkten der großen Städte weiterverkauften.

So weit die Geschichte eines berühmt gewordenen Käses, dessen Herstellung sich im Laufe der Jahrhunderte nicht gravierend geändert hat. Die Achtung vor dem Althergebrachten ist fast immer eine Erfolgsgarantie.

Der Name dieses göttlichen Käses besteht offiziell seit 1928, dem Jahr, in dem die Industrie- und Handelskammer von Reggio Emilia ein Konsortium zum Schutz des Produktes gründete. 1964 erhielt er als Zeichen seiner Herkunft die typische punktierte Aufschrift «Parmigiano-Reggiano».

Koste von allem,
aber schließe mit Käse ab.

La ribollita

In una regione come la Toscana è difficile non mangiare bene, specialmente se ci si trova in un piccola trattoria, magari l'unica, di un paesino adagiato sulle sue verdi colline, dove regna una tranquillità assoluta. Ed è forse proprio lì che si può assaggiare uno dei piatti più noti della gastronomia toscana. Un piatto probabilmente sconosciuto anche ai milanesi e ai veneti, ma un vero capolavoro della cucina contadina.

Questo piatto esisteva già nel medioevo, nato dalla necessità di doversi in qualche modo sfamare e sfruttare quindi tutto ciò che si aveva a disposizione senza buttare via niente.

A quei tempi erano due i ceti sociali: i signori feudatari, che vivevano in grandi castelli, e i contadini, gente povera, che lavorava dalla mattina alla sera nei campi e si arrangiava come poteva.

Nelle nobili dimore si banchettava spesso e volentieri, gli abbondanti pranzi e le opulente cene erano sempre a base di carne. Si facevano arrostire maiali, agnelli, vitelli e ai signori venivano servite le prelibate carni su delle focacce di pane senza lievito e sale – ancora oggi in molte parti della toscana il pane non è salato – che loro usavano come piatti. Dopo mangiato, le focacce si davano ai servi che le mettevano a bollire in

Ribollita

In einer Region wie der Toskana ist es schwer, nicht gut zu essen, vor allem wenn man in eine kleine Trattoria geraten ist, möglicherweise die einzige in einem in die grünen Hügel gebetteten Provinznest, wo absolute Stille herrscht. Womöglich kann man gerade dort eines der bekanntesten Gerichte der toskanischen Küche probieren – ein Gericht, das möglicherweise sogar den Mailändern und den Venezianern nicht bekannt ist, das aber ein wahres Meisterwerk der ländlichen Küche darstellt.

Dieses Gericht gab es bereits im Mittelalter. Es entstand aus der schlichten Notwendigkeit, dass man sich irgendwie ernähren und dabei alles, was man zur Verfügung hatte, verwerten musste, ohne etwas verkommen zu lassen.

Damals gab es zwei Gesellschaftsschichten: Feudalherren, die in großen Schlössern lebten, und Bauern, arme Leute, die von morgens bis abends auf den Feldern arbeiteten und sich behalfen, so gut sie konnten.

Auf den Adelssitzen wurde oft und gern gefeiert und die reichlichen Mittag- und üppigen Abendessen bestanden immer aus Fleischgerichten. Man ließ Schweine, Lämmer und Kälber braten und der Herrschaft wurde das köstliche Fleisch auf Brotfladen serviert, die ohne Hefe und Salz gebacken waren – noch heute wird in vielen Regionen der Toskana das Brot nicht gesalzen – und als Teller benutzt wurden. Nach dem Essen gab man die Brotfladen den Bediensteten. Diese setzten sie zusammen

grandi pentoloni assieme a ciò che trovavano in campagna. Il più delle volte si trattava di ceci, carote, sedano, cavoli o altri tipi di verdure ed erbe. Queste focacce bollite con le verdure bastavano per diversi giorni. Ogni volta che si aveva fame si facevano ribollire le focacce con le verdure che giorno dopo giorno diventavano sempre più saporite. E ribolli oggi e ribolli domani con l'andar del tempo si cominciarono a scrivere le prime ricette della ribollita.

Nelle campagne attorno a Firenze le donne erano solite cucinare grandi quantità di ribollita nelle case dei benestanti soprattutto il venerdì, giorno in cui si doveva mangiare di magro. Allora la legge prevedeva persino delle multe per chi mangiava carne durante il periodo di quaresima e vi era una lista degli alimenti consentiti: il pane, le verdure, la polenta, i legumi, la pasta e il pesce. Probiti erano, oltre alla carne e tutti i suoi derivati, cibi contenenti anche i latticini e il rosso delle uova. Ma siccome i contadini la carne se la sognavano, come avrebbero potuto permettersi il lusso di mangiarsi qualche arrosto succulento proprio nel periodo della quaresima?

Ancora oggi non esiste una vera e propria ricetta della ribollita, ma due ingredienti sarebbero d'obbligo: uno è il cavolo nero, chiamato anche il cavolo nero riccio di Toscana, che non viene coltivato in altre regioni d'Italia. Questo ortaggio, prima di essere utilizzato, deve aver preso il

mit dem, was die Felder hergaben – meistens waren das Kichererbsen, Karotten, Sellerie, Kohl oder andere Arten von Gemüse sowie Kräuter –, in großen Töpfen auf. Diese mit Gemüse gekochten Fladen reichten für mehrere Tage. Wann immer man hungrig war, kochte man die Brote mit dem Gemüse wieder auf, wobei sie von Tag zu Tag schmackhafter wurden. Man erwärmte also ständig aufs Neue … und irgendwann begann man schließlich, die ersten Rezepte der Ribollita aufzuschreiben.

Auf dem Land rund um Florenz kochten die Frauen die Ribollita für gewöhnlich in großen Mengen, in den vermögenderen Häusern speziell am Freitag, dem Tag, an dem kein Fleisch gegessen werden durfte. Damals sah das Gesetz sogar Geldbußen für diejenigen vor, die während der Fastenzeit Fleisch aßen, ja es gab eine Liste von Lebensmitteln, deren Verzehr erlaubt war: Brot, Gemüse, Polenta, Hülsenfrüchte, Pasta und Fisch. Verboten waren außer dem Fleisch und all seinen Nebenprodukten auch Milchprodukte und Eigelb. Aber wie hätten die Bauern, die von Fleisch nur träumen konnten, sich ausgerechnet in der Fastenzeit den Luxus leisten können, einen saftigen Braten zu essen?

Ein offizielles Rezept für die Ribollita gibt es auch heute noch nicht, aber zwei Zutaten sollten unbedingt dabei sein: die eine ist der Schwarzkohl, auch krauser toskanischer Schwarzkohl genannt, der in anderen Regionen Italiens nicht angebaut wird. Dieses Gemüse muss, bevor es verwendet wird, Frost abbekommen haben, weil die Kälte die Blätter weich werden lässt. Die

ghiaccio invernale, perché il ghiaccio ammorbidisce le foglie. Secondariamente nella ribollita non devono mancare i fagioli.

I toscani definiscono la ribollita un piatto nato dalla saggezza popolare contadina: un minestrone alla vecchia maniera.

O mangi questa minestra
o salti dalla finestra.

andere Zutat, die bei der Ribollita nicht fehlen darf, sind die Bohnen.

Die Toskaner bezeichnen die Ribollita als ein Gericht, das die Weisheit der Bauern hervorgebracht hat: eine dicke Suppe nach Hausmacherart.

Entweder du isst diese Suppe oder
du springst aus dem Fenster.

Il panforte

Fin dai tempi più antichi Siena è sempre stata una città in cui i dolci hanno svolto un ruolo importante. Nel corso dei secoli gli artisti pasticceri hanno saputo creare una grande varietà di dolci che erano, e in parte lo sono ancora, legati a feste e ricorrenze di carattere religioso.

Il primo antenato di questa grande famiglia di dolci è il melatello, che si preparava con un miscuglio di miele e farina e con il passare del tempo i dolci hanno subito diverse trasformazioni che li hanno resi sempre più sofisticati e saporiti. Di sicuro il dolce più famoso di Siena è il panforte che trova le sue origini intorno all'anno mille. All'inizio si chiamava pane melato, ed era una specie di focaccia fatta di farina di grano, miele e frutta.

A volte accadeva che il pan melato non era ben cotto, oppure la frutta non era perfettamente asciutta; in questo caso per via dell'umidità si veniva a creare un velo di muffa che dava al dolce un sapore molto intenso, forte e un po' acido: questo forse il motivo per cui venne chiamato panforte.

Nel Trecento arrivarono in Italia le prime spezie dal lontano Oriente: gusti nuovi, aromi sconosciuti, sapori piacevoli al palato ... le spezie

Panforte

Siena war immer schon eine Stadt, in der süßes Gebäck eine wichtige Rolle spielte, und im Laufe der Jahrhunderte haben es die Meisterkonditoren verstanden, eine große Vielfalt an Backwaren herzustellen, die mit religiösen Festen und Gedenktagen verbunden waren – und dies zum Teil noch heute sind.

Der erste Vorläufer dieser großen «Gebäckfamilie» ist der *melatello*, den man aus einer Mischung von Honig und Mehl zubereitete. Mit der Zeit haben die süßen Teilchen verschiedene Veränderungen erfahren, dank derer sie immer raffinierter und schmackhafter wurden. Sicherlich ist das berühmteste Gebäck Sienas der Panforte, der seinen Ursprung um das Jahr 1000 hat. Anfangs wurde er Honigbrot genannt und war eine Art Fladen aus Weizenmehl, Honig und Früchten.

Manchmal kam es vor, dass das Honigbrot nicht gut durchgebacken oder das Obst nicht vollständig getrocknet war; aufgrund der Feuchtigkeit bildete sich dann ein Hauch von Schimmel, der dem Gebäck einen sehr intensiven, kräftigen und ein wenig säuerlichen Geschmack verlieh. Das mag zu der Bezeichnung Panforte (kräftiges Brot) geführt haben.

Im vierzehnten Jahrhundert kamen die ersten Gewürze aus dem fernen Orient nach Italien: neue Geschmacksrichtungen, unbekannte Aromen und wahre Gaumenschmeichler – die orientalischen Gewürze

orientali ebbero un gran successo nelle cucine italiane di allora soprattutto il pepe che i maestri di cucina usavano in gran quantità e su qualsiasi tipo di cibo. Nacquero così i primi pani speziati che erano per lo più prodotti dalle suore.

Una leggenda narra che una donna di nome Ginevra aveva deciso di entrare in convento per mal d'amore, credeva infatti che il suo amato, Messer Giannetto da Perugia, fosse morto durante le crociate. Un giorno, mentre stava preparando del pan melato, le parve improvvisamente di sentire la voce di Giannetto. Si affacciò alla finestra e non volle credere ai suoi occhi: era proprio lui che si stava avvicinando alla porta del convento. Suor Ginevra non seppe più controllare le sue emozioni e in uno stato di assoluta confusione cominciò ad aggiungere all'impasto di frutta secca spezie e pepe. A sua insaputa creò così un dolce con un insolito sapore piccante e un profumo alquanto intenso. Per amore era nato il panforte.

Intorno al panforte vi è però un'altra leggenda che ha come protagonista sempre una suora dello stesso convento, il cui nome era Berta. Ebbene, suor Berta era molto preoccupata per i senesi che stavano patendo la fame durante l'assedio della città da parte dei fiorentini. Decise così di preparare con ciò che aveva a disposizione qualcosa che desse energia agli abitanti di Siena. Cominciò così a impastare miele, canditi, mandorle, diverse

waren sehr beliebt in der italienischen Küche von damals, allen voran der Pfeffer, der in großer Menge und für nahezu jede Speise verwendet wurde. So entstanden die ersten Gewürzbrote, die meist von Nonnen hergestellt wurden.

Einer Legende zufolge hatte eine Frau namens Ginevra beschlossen, aus Liebeskummer ihr Leben im Kloster zu verbringen. Sie war der Meinung, dass ihr Geliebter, Messer Giannetto aus Perugia, während der Kreuzzüge gestorben sei. Eines Tages, als sie gerade ein Honigbrot zubereitete, war ihr plötzlich, als höre sie die Stimme Giannettos. Sie ging ans Fenster und wollte ihren Augen nicht trauen: Es war tatsächlich er, der sich der Tür des Klosters näherte. Schwester Ginevra war aufs Äußerste bewegt, und in einem Zustand vollständiger Verwirrung begann sie, der Mischung aus getrockneten Früchten Gewürze und Pfeffer beizugeben. Ohne es zu wissen, schuf sie so einen Kuchen von ungewöhnlichem, würzigem Geschmack und ziemlich kräftigem Duft. Aus Liebe war der Panforte geboren.

Rund um den Panforte gibt es aber noch eine andere Legende, deren Hauptfigur eine Nonne desselben Klosters ist und den Namen Berta trägt. Nun, Schwester Berta war sehr um die Bürger Sienas besorgt, die während der Belagerung der Stadt durch die Florentiner Hunger litten, und sie beschloss, mit den ihr zur Verfügung stehenden Mitteln etwas zuzubereiten, das den Sienesern Kraft geben konnte. So begann sie, Honig, kandierte Früchte, Mandeln, verschiedene Gewürze und

spezie e molto zenzero creando proprio il panpepato, predecessore del panforte.

Nel convento di Montecelso, presso Siena, è custodito un documento dell'anno 1205 nel quale si parla di un pane speziato preparato nella zona di Siena. Nel 1370 il panpepato era già un prodotto da esportazione ritenuto un pane afrodisiaco e molto nutriente.

Una curiosità: il vero panforte di Siena deve contenere diciassette ingredienti e dal 1675 sono diciassette le contrade di Siena che partecipano alla famosa corsa di cavalli, il Palio.

Panforte e vin santo
a Siena sono un vanto.

viel Ingwer miteinander zu vermengen und schuf damit den Vorgänger des Panforte, das Pfefferbrot.

Im Kloster von Montecelso, nahe Siena, wird eine Urkunde aus dem Jahr 1205 aufbewahrt, in der von einem Gewürzbrot die Rede ist, das in der Gegend von Siena zubereitet wurde. Schon im Jahre 1370 war das Pfefferbrot ein Exportartikel, der als Aphrodisiakum und ausgesprochen nahrhaftes Brot betrachtet wurde.

Seltsam: Der echte Panforte aus Siena muss siebzehn Zutaten enthalten, und seit 1675 sind es auch siebzehn Bezirke, die an dem berühmten Pferderennen, dem Palio von Siena, teilnehmen.

Panforte und Vin Santo
sind der Stolz Sienas.

Gli spaghetti all'amatriciana

Fino al Settecento, due erano gli ingredienti che servivano per cucinare gli spaghetti all'amatriciana: il guanciale – un po' simile alla pancetta – e il formaggio. Questa ricetta, che dovrebbe essere nata all'inizio del Duecento, venne più tardi completata con l'aggiunta del pomodoro. Un modo semplice di preparare un piatto attorno al quale girano diverse leggende, a partire dal nome. Spaghetti all'amatriciana o spaghetti alla griscia? Per scoprire questo mistero bisogna andare nella zona dell'Alta Sabina: un'area che si estende nell'Italia centrale tra Umbria, Lazio e Abruzzo. Qui sorgono Grisciano e Amatrice, due piccoli centri in provincia di Rieti a circa centosettanta chilometri da Roma.

Pare che i primi a cucinare questo tipo di pasta fossero stati gli abitanti di Grisciano, da cui deriva il nome «griscia», furono poi alcuni abitanti di Amatrice emigrati a Roma a inserire nella ricetta il pomodoro e quindi gli spaghetti presero il nome di «amatriciana». Un piatto con pochi ingredienti, visto che a quei tempi i contadini non avevano molti mezzi a disposizione per cucinare e si servivano quindi delle loro risorse. Gli abitanti di Grisciano sono quindi pienamente convinti che gli spaghetti all'amatriciana, ovvero alla griscia,

Spaghetti all'amatriciana

Bis zum achtzehnten Jahrhundert waren zwei Zutaten nötig, um Spaghetti all'amatriciana zu kochen: Schweinebacke – ähnlich dem durchwachsenen Speck – und Käse. Dieses Rezept, das zu Beginn des dreizehnten Jahrhunderts entstanden sein soll, wurde später durch die Zugabe von Tomaten ergänzt – eine einfache Art, ein Gericht zuzubereiten, um das sich verschiedene Legenden ranken, angefangen beim Namen. Spaghetti all'amatriciana oder doch Spaghetti alla griscia? Um dieses Geheimnis zu lüften, muss man sich in die Sabiner Berge begeben, ein Gebiet, das sich in Mittelitalien zwischen Umbrien, Latium und den Abruzzen erstreckt. Hier liegen auf einer Anhöhe Grisciano und Amatrice, zwei kleine Ortschaften in der Provinz Rieti, etwa hundertsiebzig Kilometer von Rom entfernt.

Es sieht so aus, als seien die Ersten, die dieses Nudelgericht kochten, die Einwohner von Grisciano gewesen (daher der Name «Griscia»), später dann waren es die nach Rom ausgewanderten Bewohner von Amatrice, die dem Rezept Tomaten hinzufügten, und so erhielten die Spaghetti den Namen «amatriciana». Dieses Gericht kommt mit wenigen Zutaten aus, denn den Bauern jener Tage standen zum Kochen nicht viele Mittel zur Verfügung, und so bedienten sie sich ihrer Ressourcen. Die Einwohner von Grisciano sind vollkommen davon überzeugt, dass die Spaghetti all'amatriciana bezie-

siano nati nel loro paese e non sono da considerare una specialità gastronomica romana.

Ma c'è un'altra storia secondo la quale l'origine di questo piatto risale alla Roma del Quattrocento. Allora si usava la parola «Gricio» per indicare i panettieri che provenivano dalla Germania e dalla Svizzera. Quelli svizzeri erano originari del Canton Grigioni. Il termine «griscium» era inoltre utilizzato per una specie di uniforme grigia che portavano tutti coloro appartenenti all'associazione dei panettieri, chiamati anche i maestri dell'arte bianca, perché sapevano lavorare la farina come pochi. Questa abilità artigianale venne tramandata da una generazione all'altra e i «Grici» a Roma avevano praticamente il monopolio sulla lavorazione della farina.

Nell'Ottocento il termine «Gricio», oltre a essere usato per le persone di madrelingua tedesca, era esteso a tutti quelli che provenivano dalla parte alta della Lombardia, cioè dalla zona di Sondrio. Queste persone avevano la fama di accumulare molto denaro, ma erano anche ritenute rozze e montanare.

A quel tempo le botteghe in cui si potevano comperare pane, farina, legumi e generi alimentari d'ogni sorta erano aperte dalle prime ore del mattino fino a tarda sera e spesso c'erano anche dei piccoli fornelli a carbone per cucinare la pasta alla gricia, che presto divenne così un piatto popolare.

hungsweise alla griscia aus ihrem Dorf stammen und daher nicht als römische Spezialität in Betracht kommen.

Aber es gibt noch eine andere Geschichte, und ihr zufolge liegt der Ursprung dieses Gerichts im Rom des fünfzehnten Jahrhunderts. Damals benutzte man das Wort *gricio*, um damit die Bäcker zu bezeichnen, die aus Deutschland und der Schweiz stammten, wobei die Schweizer gebürtige Graubündner (*Grigioni*) waren. Der Begriff *griscium* wurde außerdem für eine spezielle graue Arbeitskleidung benutzt, die alle trugen, die dem Bäckerhandwerk angehörten und auch Meister der weißen Kunst genannt wurden, weil sie wie nur wenige mit Mehl umzugehen wussten. Diese Kunstfertigkeit wurde von einer Generation zur nächsten weitergegeben und die *Grici* in Rom hatten praktisch das Monopol auf die Verarbeitung von Mehl.

Im neunzehnten Jahrhundert wurde das Wort *gricio* nicht nur für Menschen verwendet, deren Muttersprache Deutsch war, es bezeichnete schließlich auch all diejenigen, die aus dem Norden der Lombardei stammten, also aus der Gegend um Sondrio. Diese Leute standen in dem Ruf, Reichtum anzuhäufen, aber sie wurden auch für ungehobelte Grobiane gehalten.

Zu jener Zeit waren die Läden, in denen man Brot, Mehl, Gemüse und Lebensmittel jeglicher Art kaufen konnte, vom frühen Morgen bis spät am Abend geöffnet und oft standen kleine Kohleherde darin, auf denen man die Pasta alla griscia kochen konnte, ein Gericht, das sich bald großer Beliebtheit erfreute.

Gli spaghetti all'amatriciana e alla griscia hanno davvero qualcosa in comune, ma resta da chiarire se i grisciani possono vantarsi di avere ideato per primi questi spaghetti oppure se non siano stati gli abitanti di Amatrice a portarli a Roma. Sta di fatto che tutti gli anni alla fine di agosto nel piccolo centro di Amatrice si svolge la sagra degli Spaghetti all'amatriciana.

Un bel piatto di pasta
per tutta la giornata ti basta.

Die Spaghetti all'amatriciana und alla griscia haben tatsächlich etwas gemeinsam, aber es bleibt unklar, ob die Bewohner Griscianos für sich beanspruchen können, die Erfinder dieser Spaghetti zu sein, oder ob es nicht doch die Einwohner von Amatrice waren, die sie nach Rom gebracht haben. Tatsache ist, dass jedes Jahr Ende August im kleinen Ortskern von Amatrice das Fest der Spaghetti all'amatriciana gefeiert wird.

Ein köstlicher Teller Nudeln
reicht für den ganzen Tag.

La Pizza Margherita

La pizza è un alimento antichissimo e secondo alcuni esperti pare che abbia sulle spalle addirittura tremila anni di storia. Del resto tutte le antiche civilità, quella degli egiziani, dei greci e dei romani, si nutrivano con tipi di pane, sì diversi tra loro, ma sempre simili a focacce schiacciate e cotte. In Grecia esiste la pita che appartiene alla «famiglia» delle focacce. Il nome stesso della pizza deriva dal latino *pinsa*, passato del verbo *pinsere*, cioè schiacciare.

Dopo la caduta dell'impero romano furono i Longobardi a portare in Italia le bufale che ancora oggi forniscono il latte per fabbricare uno degli ingredienti più importanti della pizza: l'ineguagliabile mozzarella di bufala.

Ma facciamo un salto in avanti e arriviamo al Settecento, quando la pizza comincia a diventare popolare a Napoli. Allora la pizza si preparava in piccole botteghe con forni a legna e si consumava in piedi per strada o la si portava a casa. Originariamente erano solo tre i tipi di pizza che si vendevano nelle prime pizzerie napoletane: la pizza alla mastunicola, che si preparava con strutto, formaggio e basilico,

Pizza Margherita

Die Pizza ist ein sehr altes Nahrungsmittel, ja, einigen Experten zufolge sieht es ganz danach aus, als trage sie dreitausend Jahre Geschichte mit sich herum. Letztlich ernährten sich alle alten Kulturen, die der Ägypter ebenso wie die der Griechen und Römer, von Brotarten, die, auch wenn sie sich voneinander unterschieden, doch jeweils eine Ähnlichkeit mit flachgedrückten gebackenen Fladen hatten. So gibt es in Griechenland die *pita*, die zur «Familie» der Fladenbrote gehört. Der Name der Pizza stammt vom lateinischen *pinsa* ab, einer Vergangenheitsform des Verbs *pinsere*, was so viel wie zerstampfen, zerstoßen heißt.

Nach dem Untergang des römischen Reiches waren es die Langobarden, die Büffel nach Italien brachten. Noch heute liefern sie die Milch, die zur Herstellung einer der bekanntesten Zutaten der Pizza dient: der unvergleichlichen Büffelmozzarella.

Machen wir nun aber einen zeitlichen Sprung nach vorn, in das achtzehnte Jahrhundert. Da wurde die Pizza in Neapel langsam populär. Man bereitete sie in kleinen Läden in Holzöfen zu und aß sie im Stehen auf der Straße oder nahm sie mit nach Hause. Ursprünglich gab es nur drei Pizzasorten, die in den ersten neapolitanischen Pizzerien verkauft wurden: die Pizza alla mastunicola, die man mit Schweineschmalz, Käse und Basilikum zubereitete, die Pizza alla marinara mit To-

la pizza alla marinara con pomodoro, aglio, olio, origano e bianchetti – piccole alici –, e la pizza con la mozzarella, il pomodoro e il basilico.

Nel 1780 a Napoli, vicino al palazzo reale, apre una pizzeria con il nome « Pietro e basta così ». Il proprietario, Pietro Colicchio, non ha figli e al momento di andare in pensione cede la pizzeria a un certo Enrico Brandi; poi la gestione passa a Maria Giovanna Brandi, figlia di Enrico Brandi, la quale un bel giorno si sposa con Raffaele Esposito.

Si scrive l'anno 1889 quando a Napoli arrivano in visita Umberto I, re d'Italia e Margherita di Savoia, sua consorte. Una mattina si presenta alla pizzeria di Raffaele Esposito e Giovanna Brandi un funzionario reale che invita i due coniugi pizzaioli a recarsi alla Reggia di Capodimonte, in quanto la regina desidera assaggiare le famose pizze di Raffaele Esposito, delle quali ha sentito tanto parlare. Raffaele Esposito e la moglie non perdono tempo e caricano sul loro calesse tutto il necessario per poter preparare delle pizze nelle cucine della Reggia. E così con il calesse trainato da un asino cigolano verso Capodimonte.

Giunti alla Reggia il pizzaiolo e la moglie si mettono subito al lavoro e preparano tre pizze diverse: una bianca con olio, formaggio e basilico; una con i bianchetti; e una con il pomodoro, la mozzarella e il basilico. Ancor prima di venire assaggiata questa pizza stupisce tutti i presenti per i

maten, Knoblauch, Öl, Oregano und *bianchetti* – jungen Sardellen – und die Pizza mit Mozzarella, Tomaten und Basilikum.

1780 eröffnet in Neapel, nahe dem Palazzo Reale, eine Pizzeria mit dem Namen «Pietro – sonst nichts». Der Inhaber, Pietro Colicchio, hat keine Nachkommen und überlässt daher, als er in den Ruhestand geht, die Pizzeria einem gewissen Enrico Brandi. Später dann geht die Pizzeria auf Maria Giovanna Brandi, dessen Tochter, über, die eines schönen Tages Raffaele Esposito heiratet.

Man schreibt das Jahr 1889, als Umberto I., König von Italien, und Margherita von Savoyen, seine Gemahlin, zu Besuch nach Neapel kommen. Eines Morgens taucht in der Pizzeria von Raffaele Esposito und Giovanna Brandi ein königlicher Beamter auf, der das Ehepaar auffordert, sich zum königlichen Palast zu begeben, da die Königin die berühmten Pizzen von Raffaele kosten möchte, von denen sie schon so viel gehört hat. Raffaele Esposito und seine Frau verlieren keine Zeit und laden auf ihren zweirädrigen Karren alles, was nötig ist, um in der Küche des Palastes Pizzen zubereiten zu können. Und so holpern sie mit dem von einem Esel gezogenen Wagen nach Capodimonte.

Im königlichen Palast angekommen, machen sich der Pizzabäcker und seine Frau sofort ans Werk und bereiten drei verschiedene Pizzen zu: eine nur mit Öl, Käse und Basilikum, eine mit *bianchetti* und eine mit Tomaten, Mozzarella und Basilikum. Noch bevor man sie gekostet hat, versetzt diese Pizza alle Anwesenden wegen ihrer

suoi colori: il rosso del pomodoro, il bianco della mozzarella e il verde del basilico – corrispondenti a quelli della bandiera italiana. Bisogna dire che in quegli anni si era particolarmente sensibili alle questioni che in qualche modo potevano essere messe in relazione con i recenti avvenimenti politici. Erano passati soltanto ventotto anni dalla proclamazione dell'Unità d'Italia.

Dopo aver assaggiato le tre pizze la Regina Margherita non ha dubbi: la migliore è quella con la mozzarella, i pomodori e il basilico. Raffaele Esposito decide così di rendere omaggio alla regina e battezza quella pizza Pizza Margherita. Un nome che con il passare degli anni e dei decenni ha fatto il giro del mondo diventando un simbolo dell'Italia.

L'11 giugno del 1889 la Casa Reale fa pervenire a Raffaele Esposito, ormai il più famoso pizzaiolo napoletano, la seguente lettera:

Pregiatissimo Sig. Raffaele Esposito.
Le confermo che le tre qualità di Pizze da Lei confezionate per Sua Maestà la Regina vennero trovate buonissime.
Mi creda di Lei devotissimo Galli Camillo. Capo dei Servizi di Tavola della Real Casa.

Lettera chc oggi è esposta nella Pizzeria Brandi a Napoli che si trova ancora allo stesso indirizzo di allora.

Farben in Erstaunen: das Rot der Tomaten, das Weiß der Mozzarella und das Grün des Basilikums entsprechen den Farben der italienischen Flagge. Man muss erwähnen, dass man in jenen Jahren besonders empfänglich war für alles, was in irgendeiner Weise mit den jüngsten politischen Ereignissen in Verbindung gebracht werden konnte – schließlich waren erst achtundzwanzig Jahre seit der Proklamation der Einheit Italiens vergangen.

Nachdem sie die drei Pizzen probiert hat, gibt es für Königin Margherita keinen Zweifel: die beste ist die mit Mozzarella, Tomaten und Basilikum. Raffaele Esposito beschließt, der Königin seine Ehrerbietung zu erweisen, und tauft diese Pizza auf ihren Namen, Pizza Margherita, ein Name, der im Laufe der Jahre und Jahrzehnte eine Reise um die ganze Welt gemacht hat und zu einem Symbol Italiens geworden ist.

Am 11. Juni 1889 lässt das Königshaus Raffaele Esposito, dem inzwischen berühmtesten neapolitanischen Pizzabäcker, folgenden Brief zukommen:

Hochverehrter Signor Raffaele Esposito!
Hiermit bestätige ich Ihnen, dass die drei von Ihnen für Ihre Majestät die Königin angefertigten Pizzasorten für exquisit befunden wurden.
Ihr ergebenster Galli Camillo, Hauptküchenchef des Königlichen Hauses.

Dieser Brief wird heute in der Pizzeria Brandi in Neapel ausgestellt, die noch unter derselben Adresse wie damals zu finden ist.

Oggi chi va in una pizzeria ha spesso l'imbarazzo della scelta per la quantità dei diversi tipi di pizze, ma una cosa è certa: la Pizza Margherita è l'unica pizza ad essere simbolo della gastronomia italiana. Del resto le cose più semplici sono sempre le migliori.

Pollo, pizza e pani
si mangiano con le mani.

Wer heute in eine Pizzeria geht, hat oft die Qual der Wahl; tatsächlich gibt es unzählige Pizzasorten. Aber eines ist klar: Die Pizza Margherita ist die einzige Pizza, die als Symbol der italienischen Gastronomie bezeichnet werden kann. Letztendlich sind die einfachsten Dinge immer die besten.

Hähnchen, Pizza und Brot
isst man mit den Händen.

Il Marsala

Il Marsala è un vino siciliano liquoroso, al quale viene aggiunta dell'acquavite durante la produzione. Anche il marsala è un vino D. O. C. – Denominazione di Origine Controllata – e si può produrre in tutta la provincia di Trapani, eccezione fatta per alcuni comuni.

Questo vino prende il nome dall'omonima città situata sulla costa sud-occidentale della Sicilia. La storia del Marsala è una storia che comincia ai tempi dell'antica Roma. A quel tempo era già conosciuto un tipo di vino molto forte e conciato che si produceva nella zona di Marsala e dal quale di certo deriva il prodotto attuale. La tecnica della concia era in uso presso i romani che aggiungevano al vino un mosto cotto e poi aspettavano che evaporasse fino a ridurre di un terzo il volume originale.

La Sicilia si trova al centro della cosiddetta cintura del sole, una fascia immaginaria che parte dal Portogallo, attraversa tutto il Mediterraneo e arriva fino alla Grecia. Le terre che si trovano al centro di questa fascia sono terre sì aride per via dei caldi venti africani, ma il clima è temperato dalle brezze marine e favorisce quindi in modo ideale la crescita della vite.

In Sicilia il vino ha sempre fatto parte della vita quotidiana dei contadini e degli agricoltori, così

Marsala

Der Marsala ist ein sizilianischer Likörwein, der während des Kelterns mit Weinbrand angereichert wird. Es ist ein DOC-Wein (*Denominazione di Origine Controllata*: Wein mit kontrollierter Ursprungsbezeichnung), der, von einigen Ausnahmen abgesehen, in der gesamten Provinz Trapani erzeugt werden kann.

Benannt ist dieser Wein nach der gleichnamigen Stadt an der Südwestküste Siziliens. Seine Geschichte beginnt im alten Rom. Zu jener Zeit kannte man schon einen sehr starken, aufgespriteten Wein, den man in der Gegend von Marsala herstellte und von dem sicher das aktuelle Produkt abstammt. Die Technik der Aufspritung war bei den Römern üblich. Sie fügten dem Wein eingedickten Traubenmost bei und warteten dann, bis ein Drittel des ursprünglichen Volumens durch Verdampfung reduziert war.

Sizilien befindet sich im Zentrum des sogenannten «Sonnengürtels», eines imaginären Streifens, der sich von Portugal durch den gesamten Mittelmeerraum bis nach Griechenland zieht. Die Länder, die in der Mitte dieses Bereichs liegen, sind aufgrund der warmen afrikanischen Winde Trockengebiete, doch ist das Klima durch die Meeresbrisen gemäßigt und begünstigt so das Wachstum der Weinstöcke auf ideale Weise.

In Sizilien hat Wein immer zum täglichen Leben der Landwirte und Ackerbauern gehört, auch der Marsala –

anche il Marsala. Ci voleva soltanto qualcuno che riconoscesse le potenzialità di questo vino, che sapesse trattarlo e poi metterlo in commercio. E questa persona arrivò a Marsala nel 1773. Si trattava di un commerciante inglese, un certo John Woodhouse di Liverpool, che stava navigando lungo la costa occidentale della Sicilia per arrivare a Mazara del Vallo, una città portuale a sud di Marsala. Il mal tempo lo costrinse a interrompere il viaggio e cercare riparo nel porto di Marsala. E cosa fa in questo caso un uomo di mare, marinaio o commerciante che sia? Dopo aver sistemato la sua nave si siede in un'osteria per mangiare qualcosa e bersi un bicchiere di vino. E così fu. Nel suo calice l'oste gli versò un vino, il miglior vino della sua cantina, quello che si beve in occasione di un'importante cerimonia. A Woodhouse ne bastò un sorso per capire che si trattava di un vino eccellente e pensò subito all'Inghilterra, ai salotti degli aristocratici, il ticchettio di una piogga insistente sui vetri, un camino ... e riconobbe in lui il perfetto compagno di lunghi pomeriggi grigi e uggiosi.

Il viaggio da Marsala a Liverpool non era breve e bisognava fare in modo che il vino non si alterasse. Nelle cinquanta botti che volle portare in Inghilterra Woodhouse fece quindi aggiungere al Marsala dell'acquavite di vino. Arrivato in Inghilterra il Marsala conquistò subito il palato degli inglesi che lo paragonarono al Porto portoghese.

Woodhouse ritornò a Marsala e acquistò grandi

man brauchte nur jemanden, der das Potential dieses Weines erkannte, mit ihm umzugehen wusste und ihn dann in den Handel brachte. Und diese Person kam 1773 nach Marsala. Es war ein englischer Kaufmann, ein gewisser John Woodhouse aus Liverpool, der die Westküste Siziliens entlangsegelte, um nach Mazara del Vallo zu gelangen, einer Hafenstadt südlich von Marsala. Das schlechte Wetter zwang ihn, seine Reise zu unterbrechen und Schutz im Hafen von Marsala zu suchen. Und was macht ein Seemann, sei es nun ein Matrose oder Händler, in so einem Fall? Nachdem er sein Schiff festgemacht hat, setzt er sich in eine Gastwirtschaft, um etwas zu essen und ein Glas Wein zu trinken. Und so war es auch. Der Wirt goss Wein in seinen Kelch, den besten, den sein Keller hergab und den man anlässlich einer besonderen Feierlichkeit trinkt. Woodhouse genügte ein einziger Schluck, um zu begreifen, dass es sich um einen ausgezeichneten Tropfen handelte. Sofort dachte er an England, an die Salons der Adeligen, an das leise Prasseln des Dauerregens an die Fensterscheiben, an einen Kamin – und er sah in ihm einen exzellenten Begleiter für lange, graue, trübe Nachmittage.

Die Reise von Marsala nach Liverpool war nicht eben kurz und man musste dafür sorgen, dass sich der Wein nicht veränderte. Den fünfzig Fässern mit Marsala, die Woodhouse nach England bringen wollte, ließ er daher Weinbrand hinzufügen. In England angekommen, eroberte der Marsala sofort die Gaumen der Briten, die ihn mit dem portugiesischen Portwein verglichen.

Woodhouse kehrte nach Marsala zurück, erwarb große

quantità di vino, fece costruire degli stabilimenti per la produzione e diede lavoro a molta gente. Il Marsala era nato. Dopo Woodhouse furono molti gli inglesi che andarono nella zona di Marsala per dedicarsi alla produzione e all'esportazione di questo vino.

Dall'inizio dell'Ottocento il Marsala fa il giro del mondo, arrivando in Brasile, nell'America del Nord e persino in Australia. Il primo italiano a produrre il Marsala tra gli inglesi fu Vincenzo Florio che diede avvio alla sua attività nel 1832 e fu proprio Florio, che oltre a essere un imprenditore era anche un armatore, a portare il Marsala in tutti gli angoli del mondo, lì dove era ancora sconosciuto cambiando così la vita della piccola città di Marsala. Al principio del Novecento erano circa quaranta le aziende che producevano Marsala e alcune di queste sono ancora in piena attività.

Il nome Marsala fu dato alla cittadina nel nono secolo dagli arabi che arrivati in Sicilia diedero nuova vita ai traffici commerciali. Essi la chiamarono *Marsa Allah* o *Mars Alì* – Porto di Dio o Porto Grande.

Fa più miracoli
una botte di vino
che una chiesa di santi.

Mengen Wein, ließ Produktionsanlagen bauen und verschaffte damit vielen Menschen Arbeit. Der Marsala war geboren. Nach Woodhouse fuhren noch viele weitere Engländer in die Gegend von Marsala, um sich der Herstellung und dem Export dieses Weines zu widmen.

Von 1900 an geht der Marsala um die Welt und erreicht Brasilien, Nordamerika und sogar Australien. Der erste Italiener unter all den Engländern, der den Marsala herstellt, ist Vincenzo Florio, der sein Gewerbe 1832 aufnimmt. Er ist nicht nur Unternehmer, sondern auch Reeder, und er bringt den Marsala in alle Winkel der Welt, in denen er noch unbekannt ist. So ändert sich das Leben in der kleinen Stadt Marsala. Zu Beginn des zwanzigsten Jahrhunderts stellen rund vierzig Unternehmen Marsala her, und einige von ihnen sind noch immer in Betrieb.

Der Name Marsala geht auf das neunte Jahrhundert zurück, als die Araber auf Sizilien ankamen und dem Handelsverkehr neues Leben einhauchten. Sie nannten die Stadt *Marsa Allah* oder *Mars Alì* – Hafen Gottes beziehungsweise Großer Hafen.

Ein Fass voll Wein kann
mehr Wunder vollbringen
als eine Kirche voll von Heiligen.

Il pane carasau

La Sardegna è una terra con grandi ricchezze naturali, vi cresce di tutto e ogni stagione ha un sapore diverso, un'isola che offre una grande varietà di specialità gastronomiche partendo dai formaggi per arrivare fino ai dolci. Per lo più si tratta di piatti semplici, ma in grado di soddisfare i palati più sopraffini. La tradizione svolge un ruolo importante nella cucina sarda e ancora oggi si cucina con ricette antichissime che si sono mantenute nel corso dei secoli.

Un'antica specialità gastronomica di quest'isola è il pane carasau. In italiano, carta musica, così chiamato perché è particolarmente croccante e quando lo si mangia non si può fare a meno di fare rumore. Si suppone che già all'età del bronzo, vale a dire tra il 2200 e l' 800 a.C., in questa terra di nuraghe si aveva la ricetta per preparare questo tipo di pane.

La parola sarda carasau (in Sardegna non si parla un dialetto, ma una lingua che non ha nulla a che vedere con l'italiano) risale al verbo *cariare* ed è un termine che indica un modo particolare di lavorare l'impasto per la produzione di questo pane. Non deve superare i tre millimetri di spessore ed è un prodotto tipico della Barbagia, una regione montagnosa al centro della Sardegna, dove in

Pane carasau

Sardinien ist eine an natürlichen Schätzen reiche Region, in der alles wächst und jede Jahreszeit einen anderen Geschmack hat, eine Insel, die eine große Vielfalt an kulinarischen Spezialitäten bietet, beginnend beim Käse bis hin zu den Süßigkeiten. Meist handelt es sich dabei um einfache Gerichte, die aber dennoch die anspruchsvollsten Gaumen zufriedenzustellen vermögen. Die Tradition spielt in der sardischen Küche eine große Rolle. Noch heute wird nach sehr alten Rezepten gekocht, die sich über Jahrhunderte hinweg erhalten haben.

Von jeher ist das *pane carasau*, ein Fladenbrot, eine Spezialität dieser Insel. Im Italienischen wird es « carta musica », Notenpapier, genannt, weil es so knusprig ist, dass man es nicht schafft, es geräuschlos zu essen. Man geht davon aus, dass man bereits in der Bronzezeit, also zwischen 2200 und 800 v. Chr., im Land der Nuraghen (Turmbauten) ein Rezept besaß, um diese Art von Brot zu backen.

Das sardische Wort *carasau* (in Sardinien spricht man keinen Dialekt, sondern eine Sprache, die nichts mit der italienischen zu tun hat) ist ein Begriff, der die spezielle Art der Teigbearbeitung bezeichnet, die nötig ist, um dieses Brot herzustellen. Es sollte nicht dicker als drei Millimeter sein und ist ein typisches Produkt der Barbagia, einer Bergregion im Landesinneren

alcuni piccoli villaggi le donne ancora oggi fanno il pane in casa, lavorandolo con le proprie mani.

Il pane carasau è una delle tante specialità gastronomiche sarde nate per necessità, preparata per essere conservata a lungo, affinché i pastori, che trascorrevano lunghi periodi lontani da casa, avessero di che nutrirsi. Ancora oggi nei piccoli centri abitati da agricoltori e pastori il pane carasau si mangia accompagnato da diversi formaggi di pecora e di capra, ma senza dimenticare l'olio d'oliva che lo rende ancora più appetitoso.

La preparazione impegnativa di questo pane è anche un avvenimento di carattere sociale. Prima di tutto richiede la partecipazione di più persone e secondariamente ci vuole molto tempo prima che si possa mettere in bocca un pezzo di pane caldo e croccante.

Sono diverse le fasi di lavorazione necessarie prima di arrivare alla preparazione delle sottili forme circolari di questo pane.

Prima dell'alba, quando tutti sono ancora immersi nel sonno più profondo, le donne cominciano a preparare l'impasto che poi loro stesse lavoreranno energicamente aggiungendo dell'acqua. Si passa poi alla prima lievitazione: la pasta lavorata riposa in contenitori di terracotta o di sughero. Si divide poi l'impasto in pezzi regolari arrotondati riposti in appositi canestri per far continuare la lievitazione. Si comincia quindi a lavorare la pasta con mattarelli di legno per formare dei dischi che devono lievitare per alcune ore sovrapposti uno sull'altro, ma divisi da teli

Sardiniens, wo die Frauen in einigen Dörfern das Brot immer noch eigenhändig zu Hause backen.

Das Fladenbrot ist eine der vielen sardischen Spezialitäten, die aus einer Notwendigkeit heraus entstanden sind; es sollte gut haltbar sein, damit die Schäfer, die eine lange Zeit fern von zu Hause verbrachten, etwas zu essen hätten. Noch heute isst man in von Bauern und Schäfern bewohnten kleinen Dörfern das Pane carasau zusammen mit verschiedenen Sorten von Schaf- und Ziegenkäse – nicht ohne Olivenöl, das es noch schmackhafter macht.

Die aufwendige Herstellung dieses Fladens ist auch ein geselliges Ereignis. Zum einen erfordert sie die Beteiligung mehrerer Personen, zum anderen verstreicht eine ganze Menge Zeit, bis man sich ein erstes heißes und knuspriges Stück in den Mund schieben kann. Etliche Arbeitsschritte sind nötig, um solch ein dünnes, rundes Brot zu erhalten.

Vor Tagesanbruch, wenn alle noch in tiefstem Schlaf liegen, beginnen die Frauen die Teigmischung vorzubereiten, die sie dann unter Zugabe von Wasser kräftig kneten. Als Nächstes lässt man den Teig, der in Terracotta- oder Korkbehältern ruht, das erste Mal gehen. Dann teilt man ihn in gleichmäßige, gerundete Stücke, die in dafür vorgesehenen Körben abgelegt werden, damit sie weiter aufgehen können. Nun beginnt man, den Teig mit einem Nudelholz zu bearbeiten, um Scheiben zu formen, die übereinander gestapelt, aber durch Hanf- oder Leinentücher getrennt, mehrere Stunden aufgehen müssen. Schließlich kommt man zum eigent-

di canapa o di lino. Si giunge quindi alla fase di cottura e le sfoglie che sono state infilate nel forno a legna cominciano a gonfiarsi. Dopo essere state estratte dal forno, si separa la parte superiore da quella inferiore con un coltello e a questo punto le fini forme circolari si infilano di nuovo nel forno a legna, da dove poi si mettono in tavola indurite e croccanti.

Siamo nel primo pomeriggio e il lavoro cominciato quando il sole non era ancora sorto è terminato. Il pane carasau è pronto.

Sono molti i ristoranti sardi che hanno riscoperto questa specialità della loro terra, che si può davvero definire una vera e propria delizia del palato. Oggi il pane carasau non è più solo un prodotto conosciuto a livello locale, ma si esporta in tutta Italia e anche all'estero.

Dire pane al pane e vino al vino.

lichen Backvorgang, und die ausgerollten Teigblätter, die man in den Holzofen geschoben hat, beginnen sich aufzublähen. Nachdem man sie aus dem Ofen geholt hat, trennt man die obere von der unteren Seite mit einem Messer. Jetzt werden die dünnen, runden Fladen ein weiteres Mal in den Ofen geschoben und dann hart und knusprig auf den Tisch gebracht.

Mittlerweile ist früher Nachmittag, und die Arbeit, die begonnen hat, als die Sonne noch nicht aufgegangen war, ist beendet. Das Pane carasau ist fertig.

Es gibt eine ganze Reihe sardischer Restaurants, die diese Spezialität ihres Landes, die man mit Fug und Recht als einen echten Gaumenschmaus bezeichnen kann, wiederentdeckt haben. Heute ist das Pane carasau nicht mehr nur ein lokales Produkt, es wird nach ganz Italien und auch ins Ausland exportiert.

Das Kind beim rechten Namen nennen.

Trentino
Alto
Adige
Valle
d'Aosta
Friuli
Venezia
Giulia
Lombardia
Veneto
Piemonte
Liguria
Emilia
Romagna
Toscana
Marche
Umbria
Abruzzo
Lazio
Molise
Campania
Puglia
Sardegna
Basilicata
Calabria
Sicilia